La Relève et La Peste

INFORMEZ-VOUS DIFFÉREMMENT

OURS

Maison d'édition : La Relève et La Peste

Siège social : 31 rue des Bouviers - 33800 Bordeaux

ISBN : 978-2-9552657-2-7

Dépôt légal : Décembre 2017

Prix : 20€ TTC / En France

Directeur de publication : Jérémie Carroy

Directeur artistique & illustrations : L'Encreur (lencreur.fr)

Correcteur : Augustin Langlade

Imprimé en France : Proformats

PEFC 10-31-2221 / Certifié PEFC

Nous ne nous identifions plus à la démocratie représentative telle qu'elle existe. Nous faisons office de spectateurs tel un public devant une scène de théâtre qui applaudit et hue selon la performance des comédiens. Nous nous retrouvons spectateurs à contempler le pillage de nos ressources, de notre planète pour le profit de quelques multinationales avec la bénédiction d'une partie de nos représentants. Le pouvoir qu'ont accumulé ces multinationales et les banques par des voies déconnectées de toute forme de contrôle citoyen pose un problème majeur dans le processus démocratique.

Ce rôle de spectateur nous renvoie un sentiment d'impuissance. Nous subissons l'histoire, une histoire dramatique qui est la nôtre, celle de nos futures générations, de notre planète…
Et si nous nous levions de nos confortables fauteuils pour prendre la caméra et devenir acteurs ?

Dans notre société de consommation, il y a bien un et un seul acteur clef : NOUS, consom'acteurs. Pour reprendre les propos de Sam Walton, fondateur de Wallmart : « Il n'y a qu'un patron : le client. Et il peut licencier tout le personnel, depuis le directeur jusqu'à l'employé, tout simplement en allant dépenser son argent ailleurs. »

Nous n'avons peut-être pas de baguette magique pour changer le monde en si peu de temps mais nous avons notre pouvoir d'achat pour le façonner telle l'eau qui taille les roches, avec patience et détermination.
« À chaque fois que vous dépensez de l'argent, vous votez pour le type de monde que vous voulez », résumait Anna Lappe.

Responsabiliser sa consommation, c'est améliorer les conditions de travail et de l'environnement des personnes en bout de chaîne. C'est prendre en compte l'impact public de sa consommation privée.

Rappelons ensemble que l'éthique, le partage et la solidarité ne sont pas que de simples mots mais les pierres angulaires d'une société que nous voulons laisser à nos générations futures.

Unis, nous serons le changement.

Levent ACAR,
cofondateur d'I-boycott.org

ÉDITO

Les premières lignes d'un édito sont toujours les plus difficiles à écrire. Est-ce qu'on doit montrer que l'on sait écrire ? Doit-on faire de belles phrases pour prouver que le directeur de la *Relève* en a un peu dans le cerveau ? Doit-on faire un texte court et précis ? Doit-on faire un bilan sur notre monde ? À vrai dire je ne sais pas. Je vais donc écrire ces quelques lignes avec mon coeur.

Vous l'aurez remarqué, notre second numéro s'appelle « Graine », et chaque nouvelle édition aura son propre thème. « Graine », quel mot magnifique ! La plupart des articles que vous allez lire ont tous été écrits par des acteurs du changement qui ont, comme ils ont pu, semé cette si petite graine. De Pierre Rabhi à Stéphanie Gibaud, de Jo Spiegel à Lilo, tous ces acteurs qui œuvrent à bâtir un nouveau monde ont besoin de vous.

Comment une si petite chose qui tient dans le creux de notre main peut, lorsque vous la plantez, créer des champs entiers de blé et nourrir des centaines de personnes ? Le miracle de la vie diront certains, une anomalie végétale diront les autres, peu importe. Les faits sont là. Que cette graine soit végétale ou qu'elle vienne du monde des idées, elle a le même impact. J'ai planté ma graine il y a trois ans et nous sommes aujourd'hui suivis par des centaines de milliers de citoyens prêts au changement.

L'heure est aujourd'hui d'aller tous ensemble dans la même direction. Notre monde se divise et se cloisonne vers un peu plus d'extrémisme. Puisque nos politiciens sont pour la plupart contrôlés par les lobbies et par l'Europe, nous, en tant que citoyens, avons le pouvoir de changer nos comportements et d'encourager un peu plus ceux qui œuvrent pour le changement. Que ce soit l'information, l'agriculture, l'éducation, l'économie... tout est à rebâtir et à repenser.

Et vous savez quoi, vous qui lisez ces lignes ? Vous faites aussi partie du changement. Lire est déjà un acte de transition et de changement. Sans vous, rien ne sera possible. Sans vous, aucune des actions que vous lirez n'aurait pu voir le jour. Vous êtes le battement de cœur de toutes ces actions, vous êtes notre souffle. Alors respirez autant que vous le pouvez et faites-nous vibrer. Et surtout, ne pensez pas que vous êtes un cas isolé. Vous n'êtes pas seuls, bien au contraire, nous sommes des centaines de milliers à résister au quotidien. Ces archipels de résistance me réconfortent et me redonnent foi en l'avenir.

Des milliers de citoyens, partout dans le monde, ont fait le choix de l'action, et nous avons le devoir de les soutenir si nous voulons transformer notre société. Devenons de véritables guerriers pacifiques... Résistons face à la pieuvre capitaliste, encourageons les nouvelles initiatives, et surtout, ne perdez jamais espoir. Semez votre graine !

Jérémie Carroy

SOMMAIRE

chapitre

Pierre Rabhi

Ce semeur d'espoir et de bienveillance
nous a bouleversés.

Illustrations • Clémence Jaron

j : J'ai 26 ans, je n'ai jamais eu de contact dans le monde de l'édition, et pourtant j'ai réussi à réunir des spécialistes et à monter ma revue qui a pour but d'éveiller les consciences. Je m'aperçois donc qu'avec une pensée positive et l'envie d'y croire, on peut atteindre ses objectifs et faire sa part, tel le colibri. Cependant, durant toute cette période de mise en place et malgré ma volonté de changer notre mode de pensée, j'ai été en colère, dépité, indigné... Pour des gens qui, comme moi, se sont sentis impuissants, quel message donneriez-vous ? Comment rester conscient sur tout ce qui se passe, sans avoir de haine ni de jugement, et ne pas être rongé par ce mal-être collectif ?

p.r : On passe tous par ce genre de phases, moi-même je sors à peine d'une phase de turbulences, une espèce de carrefour d'existence. Vous savez, j'ai été musulman, chrétien, je me suis intéressé à une multitude de religions, à une multitude de philosophes. Les religions sont en contradiction les unes avec les autres et c'est donc sujet de violence. On peut dire que les philosophes, dans leur globalité, qui ont tenté de clarifier le sens de la vie, n'ont pas réussi jusqu'à maintenant à nous donner une vision pertinente et incontestable de celle-ci, ce qui fait que l'on est encore contraint de s'interroger.

Avec la technologie, on peut dire que notre perception du temps et de l'espace a été très fortement modifiée. Aujourd'hui, nous sommes dans ce que l'on peut appeler la « frénésie », et la frénésie fait que nous sommes dans un état qui n'est absolument pas celui que la nature a établi pour nous. Il se trouve qu'un crétin a dit que le temps c'était de l'argent, et que, le temps étant de l'argent, il ne faut pas le perdre, il faut toujours le gagner. Jamais la formule de Fournier n'a été aussi pertinente : « Nous ne savons point où nous allons, mais nous y allons ». C'est ça le problème.

Sommes-nous capables de réfléchir l'Histoire, de l'orienter autrement, ou sommes-nous pris dans une fatalité ? C'est pourquoi depuis 55 ans, ma femme et moi avons fait le choix de ne pas suivre cette fatalité et d'aller à l'encontre du modèle de société qu'on nous imposait.

Pourquoi cette contestation ? Parce que c'est une société qui a terriblement aliéné l'être humain. Pour vivre aujourd'hui, on troque son existence contre un salaire ; et ce troc est chèrement payé puisqu'on donne carrément sa vie pour l'obtenir. Et c'est grâce à ce salaire que l'on peut exister socialement. Notre vie est confisquée pour le Produit national brut. Pour moi, c'est la pire des aliénations et c'est ce que nous avons refusé. Cela a mis les êtres humains dans une situation totalement anormale, qui fait qu'au lieu de se poser la question « comment arrêter la frénésie ?», on se demande « comment va-t-on instrumentaliser la société pour qu'elle supporte la frénésie ?».

j : Quel constat faites-vous de notre monde ?

p.r : Il est complètement à la dérive... Déjà, l'écologie ne devrait pas être un parti politique. Ça devrait être une conscience. Malheureusement, au lieu d'enseigner la vie à un enfant, lui apprendre que la vie est importante, que son propre corps est important, que les autres créatures, les végétaux, les arbres, sont quelque chose de magnifique, on lui bourre la tête de trucs qui vont le préparer à être un adulte adapté au système, qui pense que le luxe et l'argent donnent l'essence à notre existence. Donc on est piégé. Les gens ne remettent pas en question le modèle. À partir de là, se pose une alternative : est-ce que l'on continue sur cette voie-là, toujours plus vite, toujours plus de croissance économique, toujours plus de ceci, de cela, ou est-ce que l'on remet en question le modèle radicalement, en partant des racines qui l'ont déterminé ?

Par ailleurs, on sent que le modèle qui était censé libérer l'être humain est en train de l'enfermer. Imaginez notre civilisation, vous supprimez l'électricité, le téléphone, l'essence... c'est une civilisation qui s'effondre. Parce qu'elle s'est construite sur une illusion, en oubliant que notre propre survie dépend de la nature. La nature est ignorée, et on détruit la terre qui nous nourrit. On pollue l'eau qui nous abreuve, on pollue l'air que nous respirons. Nous sommes dans un marasme et dans un chaos général, où l'humanité elle-même a mis en route sa propre extinction.

Il se trouve qu'un crétin a dit que le temps c'était de l'argent (...)

j : Dans notre inconscient collectif, nous avons une pression sociale très élevée (*Avoir des diplômes, son appartement, acheter une voiture, se marier à 30 ans, faire des enfants, acheter sa maison, gagner un bon salaire…*). On nous fait croire que cette vie est la meilleure… Pour les lecteurs qui n'ont pas lu vos livres, que vous évoque cette pression sociale liée au consumérisme ?

p.r : C'est une idéologie, celle de l'argent. On nous parle sans cesse d'économie. Mais selon moi, ce que l'on appelle « économie », c'est de la prédation légalisée. C'est pour faire de l'argent que l'on détruit la vie. Que ce soient les baleines, les éléphants, les forêts, c'est pour de la pseudo-économie. L'être humain est la seule espèce qui joue une fausse note dans la symphonie de la nature. Quand on aura tout dissipé, tout pollué, tout dégradé, on s'apercevra que l'argent ne se mange pas.

Certains disent que notre surconsommation est due à la loi du plus fort, la loi de la jungle. Mais si j'étais un animal, je serais vexé que l'on me compare aux humains, car chaque espèce fonctionne en équilibre avec les autres. Le lion ne fait pas d'entrepôt d'antilopes à vendre aux copains. Il prend juste ce dont il a besoin et ne dérégule pas la symphonie naturelle. L'homme accumule, gaspille, et on lui apprend que c'est là que réside le bonheur.

j : **Pourquoi et comment avez-vous échappé au conformisme et au monde du travail?**

p.r : C'est une décision strictement individuelle. Je suis ici depuis 55 ans avec ma femme, nous l'avons décidé, c'est tout. Quand j'ai travaillé, je me suis rendu compte de tous ces symboles tels que la cravate, nœud coulant de la strangulation quotidienne. Tous les matins, je me disais : « Mais qu'est-ce que c'est ? On pourrait trouver un autre ornement que la strangulation ! » Qu'est-ce qu'on me proposait ? D'entrer en servitude toute ma vie contre un salaire, et on m'aurait donné un petit mois pour glisser sur la neige.

Quelqu'un a dit : « c'est onze mois de coma, et un mois de réanimation ». Est-ce que c'est ça, vivre ? À côté, il y a la beauté de la nature. Elle nous a faits pour en jouir, et elle offre en abondance. Un grain de blé peut nourrir l'humanité, grâce à sa capacité de multiplication. Alors pourquoi sommes-nous complètement à côté de la plaque ? Pourquoi nous sommes-nous infligé une servitude que la nature ne nous a jamais imposée ?

j : Vous n'étiez pas angoissé quand vous avez fait le choix de tout quitter ?

p.r : Bien au contraire. Bien sûr, on se jette un peu dans le vide, surtout qu'à l'époque, de là où nous partions, les gens nous disaient : « Soyez raisonnables, vous êtes fous de retourner à la terre ! » Quand on est arrivé, il y avait un énorme exode rural, les gens se demandaient ce qu'on venait faire ici ! À travers mon itinéraire d'ouvrier, de gratte-papier, d'employé de banque, etc., ces connaissances, cet examen approfondi de la condition humaine dans différentes situations, n'ont fait que renforcer ma conviction qu'on était en plein dans une aliénation déguisée en liberté.

À partir de là, on prend le maquis pacifique. La nature est souveraine, dans le sens où c'est un livre ouvert, mais avec des analphabètes. L'écologie a été pour moi d'apprendre à décrypter la nature. Le décryptage se fait d'une façon encore plus forte quand on travaille la terre, car on a affaire à un contrat que l'on passe avec cette magie de la vie.

Je mets une graine dans la terre et elle se débrouille.

Il faut simplement que je fasse ce qu'il faut pour qu'elle soit dans de bonnes conditions, et elle n'a plus besoin de moi, elle sait faire. Il y a une vraie intelligence, programmée selon chaque espèce, pour aboutir à un résultat : le déploiement, la germination, les racines qui poussent et qui savent choisir les substances naturelles nécessaires à leur épanouissement.

p.r : **Elles choisissent en quelque sorte leur propre menu pour se développer dans les meilleures conditions. C'est le travail que devrait effectuer chaque agriculteur : faire en sorte que le sol soit vivant et sain. Si vous rapprochez une graminée d'une légumineuse, elles font entre elles un troc.**

La graminée donne du carbone, la légumineuse donne de l'azote, et voilà, le tour est joué, elles se dynamisent mutuellement, c'est magique... Et aujourd'hui, on amène du poison, dans une réalité qui n'a pas de poison. C'est là qu'on entre dans l'obscurantisme, que nous proclamons comme intelligence, alors que c'est la connerie humaine poussée à son summum. Ce n'est quand même pas un congrès de girafes et d'éléphants qui a décidé que l'être humain était meilleur, non, il s'est auto-proclamé le meilleur. On est donc dans cette illusion, dans cette inconscience, et c'est la Vie que nous détruisons en nous-mêmes.

LA NATURE EST SOUVERAINE, DANS LE SENS OÙ C'EST UN LIVRE OUVERT, MAIS AVEC DES ANALPHABÈTES.

j : **Vous pensez donc que l'être humain n'est pas intelligent ?**

p.r : Il est évident que l'être humain fait des prodiges technologiques. On fait voler des avions, on communique, on enregistre… Tout cela est issu du cerveau humain. Ce sont des aptitudes, qui sont énormes certes, mais ce n'est pas de l'intelligence. Ce n'est pas parce que mon cerveau fonctionne admirablement dans le milieu technologique que je suis intelligent. L'être humain est tellement stupide qu'il met ses aptitudes au service de la mort. Bombe atomique et compagnie…

On arrive donc au paradoxe de l'intelligence. Quand nos aptitudes nous amènent à servir la violence et la destruction plutôt que la vie, cela veut dire que nous sommes une catastrophe naturelle. Finalement, on parle de catastrophes naturelles, mais nous sommes la pire. Nous sommes les enfants de la nature, qui se sont retournés contre elle.

j : **Comment expliquer que nous soyons si insatisfaits dans un monde d'abondance ?**

p.r : Parce que quand il y a du vide, il faut le combler. Il y a aujourd'hui un tel ennui... Le monde de l'abondance est celui qui consomme le plus d'anxiolytiques. On devrait être heureux dans l'abondance, mais on ne l'est pas. On a répondu à tous nos besoins mais une insatiabilité est établie, notamment à cause de la publicité qui entretient une frustration permanente, de façon à créer des consommateurs. Aucun seuil ne nous amène à la pleine satisfaction, qui nous permettrait enfin de jouir de la vie. Comment nourrir en nous l'autre partie de nous-mêmes, qui est celle du cœur, de l'esprit, et pas seulement le corps ? Comment nourrir cet être humain qui a soif de beauté, de symboles importants, et qui ne va pas avec l'accumulation de la matière ? La matière, c'est un peu comme l'histoire de ce pêcheur qui fait sécher ses filets.

Un monsieur passe, le regarde, et lui dit : « Monsieur, cette petite barque, elle est à vous ? - Oui - Mais vous pourriez en avoir une plus grande ! Vous pêcherez davantage de poissons, et après, vous aurez un bateau ; et après, vous en aurez un plus grand ; vous allez embaucher des gens pour travailler, vous allez... et après, vous vous reposerez. » Et le pêcheur répond : « Mais c'est ce que je suis en train de faire ».

j : **Pouvez-vous nous rappeler ce qu'est la puissance de la modération qui vous tient tant à cœur ?**

p.r : La puissance de la modération, c'est gigantesque. Imaginez que l'on entre dans la modération. Les multinationales auraient du souci à se faire, beaucoup de souci à se faire… Je considère Coluche comme un grand philosophe. Il a dit : « Il suffit de ne pas acheter pour que ça ne se vende pas ». On ne peut pas faire plus court ! Qu'est-ce qui fait marcher les multinationales ? C'est l'avidité des gens. C'est de toujours acheter, et évidemment ça alimente leur système ; c'est pourquoi je prône la sobriété heureuse et la puissance de la modération. Les multinationales incitent constamment à entretenir la frustration. La frustration programmée est un des moyens par lesquels on manipule l'être humain pour qu'il ne soit jamais satisfait. Et on est piégé. La modération, c'est mettre une limite bien ajustée à nos besoins, et à ce qui répond à nos besoins (se nourrir, se vêtir, s'abriter, se soigner).

Une fois que l'on a ça, on a tout ce qu'il faut. Mais le problème de la société civile est que de 30 à 40% de la production est superflue. On produit des choses qui ne sont pas utiles à la vie. Quand je parle de la modération, je ne veux pas dire « misère ». Quand des gens viennent ici m'interroger, je leur dis « Regardez, je suis milliardaire ». Mon logement fait 20 hectares, alors que la plupart des gens comptent en mètres carrés.

Cette maison, c'est seulement un abri, mais j'habite le lieu entier. J'ai un espace qui m'appartient, certes, les 20 hectares, mais rien n'arrête ma vision. Je regarde la montagne, elle n'appartient à personne, c'est gratuit, c'est la vie, c'est la nature. Et pendant ce temps, on enferme les gens dans des boîtes. Je parle d'incarcération, de la maternelle à l'université, les gens sont enfermés. On va au « bahut », tout le monde travaille dans des grandes ou petites boîtes, on s'amuse en boîte ; pour y aller, on prend sa caisse, et quand on meurt, on nous met dans une boîte ou dans une urne.

j : **Vous pensez que l'homme moderne est enfermé ?**

p.r : Quand un être humain est réduit à quelques mètres carrés pour passer son existence, on ne peut pas dire qu'il soit libre. Vous ajoutez la cravate et tout le reste, et vous avez un être humain tenu en laisse, dont l'objectif est d'augmenter le capital et dont les enjeux meurtriers sont la compétition et tout ce que nous savons.

j : **Que pensez-vous de notre système éducatif actuel ? Selon vous, crée-t-il plus de bons petits soldats conformistes ou laisse-t-il place à la créativité ?**

p.r : Les enfants sont de plus en plus devant des écrans, ils ne développent pas leurs capacités manuelles. J'ai eu la chance d'avoir un père qui était forgeron, manuel, et musicien. J'ai hérité de cette habileté, et j'ai construit et aménagé ma maison, rien ne me faisait peur. Je suis nullissime en informatique. Mes enfants sont performants dans ce domaine mais ce n'est pas de moi qu'ils tiennent ! À l'école, on nous bassine avec les batailles, on nous fait aduler des chefs d'armées. Si je tue quelqu'un sous une pulsion, je vais au tribunal. Mais si on m'envoie tuer, et que je tue bien, on me décore.

p.r : C'est la connerie de la société, de l'obscurantisme profond à partir duquel on ne voit plus la réalité, on perd conscience. Tout le problème aujourd'hui est « comment prendre conscience de notre inconscience ». À moi, petit Saharien, on m'a appris que mes ancêtres étaient des Gaulois. Cela veut dire que l'enseignement standardise et veut standardiser tout le monde.

Par ailleurs, on n'apprend pas à l'enfant à développer sa créativité, elle est au contraire complètement inhibée. Si je devais créer une école, on y apprendrait à lire, écrire, compter, et je ne montrerais pas l'Histoire comme de la gloire. Il y aurait un atelier manuel et un jardin qui le connecteraient aux lois de la vie.

Je pense qu'avec ces éléments-là, on a la globalité de ce qu'on peut transmettre à un enfant en termes de savoirs et de savoir-faire qui lui seront utiles. Ensuite, arriverait le domaine de la pensée et de la philosophie, mais je ne ferais pas de la philosophie une vérité que l'enfant doit absorber. Comment apprendre à l'enfant à réfléchir ? C'est ce que fait merveilleusement Jiddu Krishnamurti qui dit :

« Tout ce que tu ne découvres pas par toi-même, ne l'admets pas. »

j : **Considérez-vous que l'omniprésence du numérique dans nos vies (sites de rencontres, réseaux sociaux, information en continu) est une chance, ou le talon d'Achille de notre génération ?**

p.r : J'ai pris le train il y a peu, j'étais dans un wagon archi-bondé et personne ne se parlait. Avant, dans les trains, c'était un temps de convivialité. On mettait à profit ce temps, on était ensemble, à se demander : « D'où viens-tu, qu'est-ce que tu fais ? », les gens se parlaient. C'était un temps magnifique de convivialité. Aujourd'hui, tout le monde est figé, toujours ailleurs. Des parents me disent parfois que jamais leurs enfants n'acceptent d'être à table car ils préfèrent dîner seuls ou devant un écran pour communiquer avec leurs copains. Arrêtons les illusions. On confond « communication » et « relation », cela n'a rien à voir. Une relation, c'est physique ; et la communication, sur le plan pratique c'est très bien. Quand on a besoin d'un renseignement, on le trouve, c'est bien pratique. Mais attention, ça se paie en quoi ? En dépendance.

WAG
WAG

j : **Selon vous, faut-il être hors système pour changer la société, ou dans le système pour la transformer ?**

p.r : De toute façon, on ne peut pas être hors du système. J'ai une voiture, je donne des sous aux multinationales quand je fais le plein, et pourtant je ne les approuve pas du tout. Ou alors il faudrait que je marche à pied ou à cheval ! Je ne suis pas, moi-même, exempté ou affranchi de ma participation au système tel qu'il est. J'y participe, je ne m'éclaire pas à la bougie — bien que nous l'ayons fait ici pendant treize ans ! On n'avait ni électricité ni téléphone.

J'étais dans un

ON

GON

j : Vous êtes impliqué dans le système, mais vous tentez de le changer...

p.r : On a pu amener des réformes importantes, ne serait-ce qu'en agriculture, où je dois dire que mon engagement a été très important et efficace. On supprime les pesticides, on permet à des populations du Sud, affamées par les populations du Nord et par la loi du marché, de régénérer leur terre, de l'entretenir vivante, l'améliorer, la transmettre vivante à leurs enfants, et augmenter leur production sans aucune nuisance. C'est l'agroécologie, reprendre les lois de la vie et des organismes pour les appliquer comme des méthodes.

On a des impératifs urgents, comment y répondre ? En mettant en place des méthodes qui s'inspirent de ce que fait la nature, mais qui le font en système accéléré. On avait des chèvres, du fumier, des pailles, que l'on compostait, que l'on faisait fermenter pour aboutir à une matière appelée « l'humus ».

L'étymologie de ce mot, « humus », est aussi celle des mots « humanité » « humidité », « humilité ». C'est la même chose. Donc nous renouons avec les lois de la vie, laquelle a établi les choses telles que rien ne se perd, rien ne se crée, tout se transforme. Avec l'humus, je relance la vie grâce à une terre qui va être féconde et qui donnera une nourriture vitalisante. La nourriture moderne est toxique. On met dans notre corps des substances toxiques, issues de substances chimiques.

HUMUS :
HUMANITÉ
HUMIDITÉ
HUMILITÉ

j : Votre pensée s'articule autour de l'écologie. Pouvez-vous nous rappeler pourquoi il faut lui laisser une telle place dans notre quotidien ?

p.r : Parce que je suis fils de la vie, fils de la nature. Il est donc normal que je sois un brave fils, que je la soigne, qu'elle me soigne. Il y a aussi des convergences amoureuses avec la vie : je suis le fils de la terre qui me nourrit et le papa de la terre que je soigne. Une réciprocité s'articule. Et au-delà, il y a l'amour, cette vibration et cette sensibilité qui nous amènent à mettre de l'amour dans nos actes, pas seulement de la pratique.

Malheureusement, on tombe dans les limites. L'agriculture, même écologique, est menacée. Le bio se vend de plus en plus, et peut être récupéré par des obsédés de l'argent, qui vont, en quelque sorte, manipuler les choses pour vendre de plus en plus de produits bio.

j : Qu'est-ce que la sobriété heureuse ?

p.r : Normalement ça part de soi. Être sobre, c'est être dans une forme d'auto-limitation, mais pas de privation. C'est répondre à nos besoins dans la sobriété, pas dans l'accumulation. C'est ce qui permet la légèreté et à l'esprit d'être libre. Si tout le monde devient sobre, on installe l'humanisme, et on fait disparaître l'humanitaire, quel qu'il soit (l'humanitaire étant ce qui intervient pour corriger le manque d'humanisme).

Normalement, dans le partage, l'humanisme doit être une loi morale, une rigueur morale et éthique, qui fait que tant que tout le monde n'a pas ce qu'il lui faut pour vivre, on ne peut pas considérer qu'on a réussi.

j : Quand on voit votre parcours, et ce que vous avez accompli, on se dit « **quelle énergie !** »

D'OÙ VIENT-ELLE ?

p.r : On ne peut pas savoir la racine. Évidemment, le passage par le christianisme a été pour moi très important, c'est ce qui m'a transmis la compassion — je ne suis pas un fervent de religion, loin de là, mais je pense que l'Évangile est mal interprété. Jésus n'a jamais dit : « faites-moi des églises, des cathédrales, et de la spiritualité un business ! » Chaque être humain est confronté à sa destinée, dès sa naissance il est déjà prédéterminé par la culture qu'il a reçue, par la famille dans laquelle il est né. Ma juste place n'est pas forcément conforme à la doctrine ou aux préceptes de ma propre famille, donc je cherche ma vraie famille ailleurs.

Je ne peux pas réformer le monde à moi tout seul, mais j'ai un royaume, celui que je peux, moi, gouverner. Et ce petit royaume, je le gouverne en fonction des lois morales et de l'éthique qui est la mienne. C'est tout ce que je peux faire, en vérifiant que je ne cause de préjudice à personne.

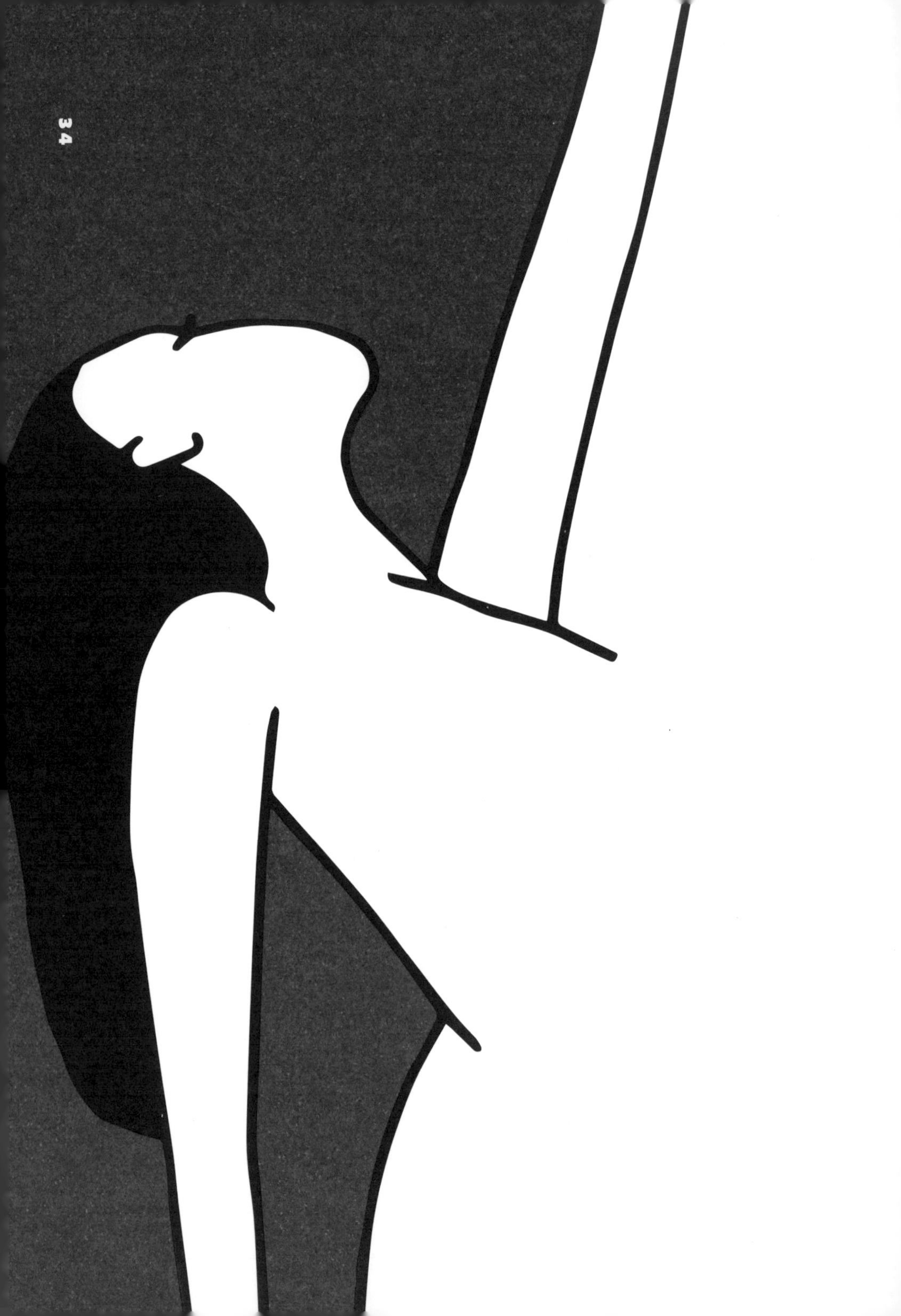

j : Vos livres se vendent par centaines de milliers, est-ce que cela représente un espoir, un vent d'optimisme pour vous ?

p.r : Je n'ai pas à me plaindre, je suis écouté, publié. Mais je ne demande pas à ce que l'on me glorifie, ce sont des valeurs importantes selon moi, alors maintenant, stratégiquement, un forum civique s'impose — notez-le bien ! Le forum civique, c'est amener les citoyens à se rencontrer, à célébrer leurs nombreuses innovations. Malheureusement, l'inventivité de la société civile s'est dispersée, et n'est donc pas valorisée. La société civile est un magnifique laboratoire où se prépare l'avenir — ce ne sont pas les politiques qui préparent l'avenir, ils font de l'acharnement vers un modèle qu'ils veulent absolument maintenir vivant alors qu'il est mort ; ils gèrent un cadavre.

Dans la société civile, il y a tellement de gens qui inventent des choses... Les gens essaient de se questionner sur comment éduquer les enfants, comment cultiver la terre, utiliser l'énergie, etc. L'imagination nouvelle est fondée sur un paradigme nouveau, qui est celui de construire le bonheur, finalement... Eh bien ça, il faut que ça ait une visibilité et une évaluation statistique. On lance donc le forum civique dans le but de célébrer ces initiatives, se rencontrer, échanger.

j : **Vous avez été un semeur d'espoir toute votre vie... Si vous aviez l'opportunité de changer le monde grâce à une seule graine, de quoi serait-elle composée ?**

p.r : D'intelligence. C'est tout. Il n'y a pas d'intelligence. Tant qu'il n'y aura pas d'intelligence et que l'on confondra, comme on a dit tout à l'heure, aptitude et intelligence, on sera dans le leurre. Des êtres humains qui donnent plus d'importance à la destruction et aux armements ne sont, pour moi, pas intelligents. Il faut donc que l'on devienne intelligent, et cela passe par une autre voie qui n'est pas simplement phénoménologique, mais qui fait appel à notre capacité d'introspection. La question qui se pose est : « À quoi servons-nous ? »

Si l'on prend les choses avec objectivité, nous sommes la pire espèce que la nature ait produite. Vraiment, puisque nous avons détruit cette planète. J'ai essayé de faire une petite histoire sur la planète Terre qui discute avec une autre planète perdue dans l'espace.

La planète dit à la Terre : « *Ma pauvre, mais qu'est-ce qui t'arrive ? - Ne m'en parle pas, j'ai attrapé l'humanité !* » Et l'autre répond : « *Ah ce n'est que ça ! Je l'ai attrapée, je m'en suis guérie et tout va bien !* »

> Donc redevenons intelligents. L'intelligence, c'est l'amour, la compassion, l'admiration de la vie, prendre soin de la vie sous toutes ses formes. Apprenons à nous aimer.

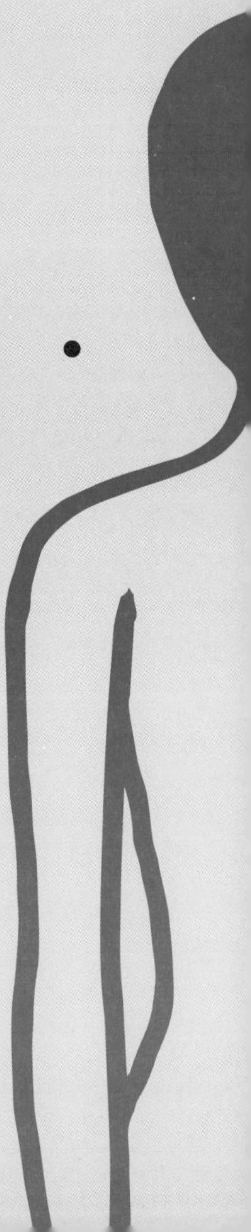

Paradoxalement, il y a une espèce d'affinement d'une certaine conscience. De plus en plus, on sait que ce n'est pas l'argent qui va nous sauver. Je rencontre beaucoup de gens qui ont des qualifications importantes et qui renoncent à ces qualifications, car ils ont envie de faire un travail qui a du sens.

Ils sont en quête de sens, et se fichent que le salaire ne suive pas, car un travail qui ne nous épanouit pas gâche notre existence.

j : **Merci beaucoup...**

p.r : Merci à vous de vous être déplacé ! Vous rendez service en essayant de propager ce qui me tient à coeur.

chapitre

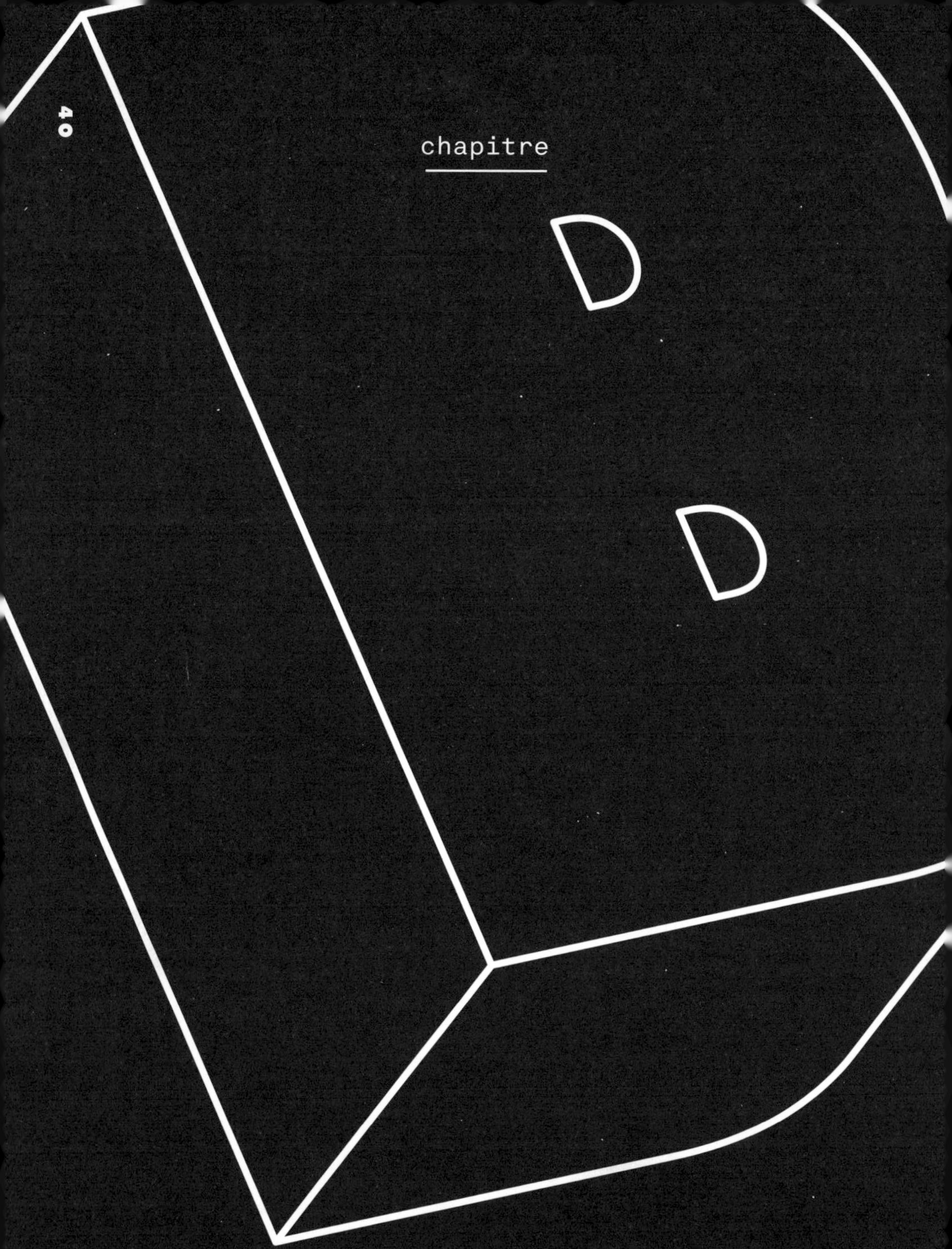

Joël de Rosnay

Les trois formes d'intelligence à l'heure des réseaux sociaux :

Intelligence connective, collaborative et collective.

NOS TROIS CERVEAUX

1

Le cerveau fonctionne en trois couches distinctes et complémentaires, chronologiques dans leur évolution. Une couche primitive, l'hypothalamus, qui permet de réagir et de contrôler les fonctions les plus primitives de notre organisme (la faim, la soif, la peur, l'instinct sexuel, le combat ou la fuite). Mais qui détermine aussi la capacité de communication et d'échange grâce aux signes extérieurs (la parure, la couleur ou la forme chez les animaux et, plus tard chez les humains, les gestes, les vêtements, sans oublier la parole et l'écriture). La volonté de communication conduit à ce souci de connexion permanente des uns avec les autres. Le télégraphe, le téléphone, le fax, et maintenant la messagerie et les réseaux sociaux, en sont des exemples typiques. Ils permettent d'augmenter la taille de sa communauté, d'accroître le nombre de ses connaissances ou, sur les réseaux sociaux, de ses amis. Cette zone du cerveau contribue donc à ce que l'on pourrait appeler l'intelligence connective.

Le mésencéphale est une autre zone intermédiaire, plus récente dans l'évolution du cerveau.

Il contribue à réunir, à relier, à éduquer, à élever les enfants et à construire une famille. Des fonctions qui se manifestent déjà chez les oiseaux avec la nidification, chez les mammifères et chez de nombreuses espèces animales. Le mésencéphale favorise ce que l'on pourrait appeler l'intelligence collaborative. Il s'agit de mettre en commun, sous une forme sociale, des savoir-faire afin de contribuer à l'intérêt de tous et ainsi de maintenir la survie de l'ensemble, la poursuite de l'évolution de la société. Chez les humains et sur Internet, l'échange permanent d'informations de plus en plus denses, de même que la conservation dans les mémoires globales numériques d'articles, de vidéos, de forums ou de débats, consacrent l'avènement d'une forme d'intelligence collaborative, qui débouche sur la création, par exemple, de logiciels ou de services mis à la disposition de tous. C'est le cas de Linux, de Wikipédia ou de ce qui contribue à améliorer l'efficacité des uns ou les connaissances des autres sans, *a priori*, rechercher une rémunération instantanée. Ce qui importe, c'est la notoriété, la reconnaissance d'un savoir-faire ou de compétences. Des valeurs équivalant, dans le cadre des réseaux, à une forme de rémunération.

Le cortex (et surtout le cortex préfrontal chez les primates et l'homme) représente la troisième couche du cerveau. Elle est aussi la plus récente. Chez l'homme, c'est la zone du raisonnement abstrait, de l'approche théorique, métaphorique, symbolique de la réalité. Souvent le cortex entre en conflit avec les ordres ou les informations envoyées par l'hypothalamus ou le mésencéphale. C'est le cas, par exemple, d'une personne qui effectue une grève de la faim. Son cerveau primitif l'informe qu'elle doit absolument boire et se nourrir pour ne pas mourir de faim ou de soif.

Malgré ces signaux alarmants, cette personne peut décider de continuer sa grève de la faim. L'importance de la cause qu'elle défend prend le pas sur sa propre survie. Les connexions avec les autres, le partage de solutions pour la résolution de problèmes et l'évaluation commune des résultats, peuvent conduire à une forme d'intelligence collective, mise en œuvre et utilisée dans de nombreuses applications de management des connaissances, telles que l'externalisation ouverte, ou en anglais le « crowd sourcing ».

ÉVOLUT

CERVEAU

À ce stade, il est important d'établir un parallèle entre le fonctionnement profond de notre cerveau, l'évolution du Web et la société fluide, d'autant que le cerveau n'est pas, comme on le croit, un système autonome isolé.

et société fluide

ON

DU

C'est une machine électrochimique, plutôt qu'un ordinateur, connectée au corps et au monde. Par rapport aux ordinateurs modernes, le cerveau fonctionne lentement, en parallèle, et traite plusieurs informations en même temps, les mémorise, les analyse et les transforme en action, en tenant compte de données symboliques, émotionnelles et abstraites. Ce que ne peut faire un ordinateur, ni même l'intelligence artificielle. La révolution de la compréhension du fonctionnement du cerveau a découlé des travaux remarquables de Donald Hebb, chercheur canadien mort en 1985 et de Francisco Varela, philosophe et cybernéticien, mort en 2001. Tous les deux considéraient que le cerveau n'était ni une boîte noire ni un ordinateur, mais un réseau fluide reconfigurable en permanence en fonction des informations reçues de l'intérieur du corps, de son environnement immédiat et de son environnement plus lointain, les synapses se reconfigurant en permanence dans le dialogue avec l'extérieur. Certes, des neurones disparaissent au fil de la vie, mais dans le cadre de la neurogenèse, de nouveaux neurones se forment et s'interconnectent en fonction des actions entreprises, de l'adaptation, des échanges, de la confrontation avec la réalité et de la solution de problèmes.

Un réseau fluide, comme celui du cerveau, fait penser au modèle de la fluidité maîtrisable du surf : le surfeur glisse sur une surface et dans un milieu qui se reconfigurent en permanence. D'où la nécessité absolue d'adaptation et même d'anticipation par intégration des événements et des sensations passés.
Notre intelligence fonctionne aussi de cette manière : adaptation, anticipation, émotion et raison. La fluidité des connexions entre les synapses et leur reconfiguration permanente sont aussi le catalyseur de l'intuition et des cheminements parallèles des pensées et des raisonnements. C'est pourquoi il est nécessaire que l'apprentissage des données de base et des modes élémentaires du raisonnement intelligent soit complémenté par des méthodes favorisant l'intégration des connaissances.

Joël de Rosnay

ÉDUCATION ET APPROCHE SYSTÉMIQUE

Favoriser l'intelligence collaborative

Plutôt qu'une démarche encyclopédique d'acquisition systématique d'informations, il faut mettre en place une méthode systémique capable de réintégrer, de relativiser les informations nouvelles et de les situer dans un environnement mouvant. C'est une méthode permettant de « surfer » intelligemment sur les territoires des connaissances, lesquelles se modifient au moment même où on les appréhende. Comme la vague sous la planche du surfeur. Or l'éducation traditionnelle est celle de la représentation d'un monde fragmenté, qui n'intègre pas la complexité, l'incertitude et l'interaction. La culture de la civilisation du numérique doit donc passer par plusieurs canaux et modes de communication : éducation traditionnelle, supports écrits et électroniques, rassemblements, événements, spectacles, télévision, jeux interactifs, réseaux sociaux.

L'ensemble tisse des relations, crée des procédures, suscite des modes de pensée, influence l'action, construit une mémoire collective - ce qui est le propre d'une culture. Mais les conséquences de l'émergence de la civilisation du numérique entraînent une nécessité d'adaptation des modes de transfert des connaissances, notamment entre les générations.

millennials »

En effet, la génération des « millennials » (qui avaient entre 5 et 10 ans au tournant de l'an 2.000) a des difficultés à intégrer les contraintes du monde de l'éducation dans son univers fait de « gratification instantanée », de flux continu d'informations entrantes et d'interactivités transversales permanentes. Or, Piaget a montré qu'il fallait des « pauses » dans le flux informationnel, pour laisser se « sédimenter » les informations afin qu'elles s'intègrent dans un contexte susceptible de donner du sens aux connaissances récemment acquises.

Pour Piaget, encore, l'intelligence c'est aussi de « *savoir gérer ce que l'on sait déjà, plutôt que de procéder à des acquisitions permanentes d'informations nouvelles* », en pratiquant ce que j'appelle une « boulimie » informationnelle à partir d'outils électroniques dont on ne sait plus se passer. L'importance est donc le recul, la contextualisation, la pratique d'une « diététique de l'information » pour valoriser les acquis de l'éducation formelle et informelle. C'est dans ce cadre que peut intervenir ce que j'appelle la « co-éducation intergénérationnelle ».

CO-ÉDUCATION, INTELLIGENCE —— CONNECTIVE ET COLLECTIVE

L'éducation, grâce à internet, aux réseaux sociaux et à l'intelligence connective, devient progressivement une co-éducation transversale, complémentaire de « l'Éducation nationale » de nature pyramidale et taylorienne. La rencontre des générations, - disons entre les jeunes apprenants et les seniors, pour simplifier - peut se réaliser de manière particulièrement productive par la co-éducation intergénérationnelle.

Les plus jeunes, et, bien entendu, les « millennials » peuvent contribuer à transmettre aux plus anciens la « culture du numérique », la pratique des outils et méthodes de la nouvelle civilisation digitale, l'ouverture à la complémentarité, à la transversalité, aux rapports de flux, essentiels pour comprendre le monde moderne et agir sur lui.

Les seniors, quant à eux, peuvent aider les jeunes à contextualiser les informations entrantes, pour les restituer dans un environnement économique, social, politique, culturel plus général, voire philosophique. Le senior peut ainsi devenir un médiateur, un catalyseur, un animateur. Son rôle est « socratique » : il montre des chemins d'accès aux connaissances, donne des exemples, est un centre de ressources, tant humaines que de savoirs. Le jeune forme le senior à la maîtrise des nouveaux outils et méthodes d'Internet ou du smartphone, aux recherches sur les moteurs et à leur utilisation efficace. Ces échanges peuvent intervenir dans le cadre de débats, séminaires, cercles de discussion, organisés et modérés par des jeunes ou des seniors selon les thèmes ou l'actualité.

Ainsi peuvent être reliées intelligence connective, éducation et culture, car la démarche cartésienne a fragmenté la connaissance en une multitude de territoires disciplinaires séparés. Dans les pays occidentaux industrialisés, ces fractures ont entraîné un schisme des cultures. Jadis, la culture était l'étalage des connaissances. Un privilégié, une élite cultivée disposaient d'un savoir encyclopédique sur de nombreux sujets : art, littérature, histoire, techniques… Être cultivé, aujourd'hui, c'est savoir intégrer des contenus de nature diverse. La culture est une capacité de rassemblement d'éléments, de faits séparés, en une cohérence utilisable dans sa vie et dans son action pour lui donner du sens.

D'où l'importance de l'expérience des seniors et de la créativité de la génération Internet pour une forme de culture à la fois personnalisée et globale, individuelle et collective, capable de respecter les diversités et les contraintes temporelles de chacun. Et surtout les spécificités du monde intérieur, du psychisme, des émotions et des sensibilités. Ses outils ne sont plus seulement les livres, les médias, les spectacles, mais aussi les prothèses de notre cerveau (ordinateurs, tablettes, smartphones, outils de communication divers), les réseaux et les mémoires collectives électroniques.

Cette approche implique, non plus un découpage préalable des domaines à enseigner pour les rendre assimilables par tous et contrôlables par quelques-uns, mais une reconstruction des savoirs à partir de « germes » de connaissances. De même qu'une image fractale se construit progressivement par itérations successives à partir d'une équation simple, la nouvelle co-éducation intergénérationnelle pourra aider chacun à reconstruire les relations entre les différents niveaux de complexité des connaissances accumulées. Les plus jeunes reçoivent l'information par bribes, par séquences, sous forme de données fractales, comme les coordonnées permettant de se repérer dans un espace géolocalisé. Mais il leur faut établir des relations, des cohérences, des interdépendances. Passer de l'intelligence connective à l'intelligence collective.

APPROCHE

D'autres voies sont donc possibles dans les rapports sociaux. On peut l'observer dans le cadre de la relation entre l'approche féminine et l'approche masculine. Progressivement, cette distinction va permettre de mieux comprendre les relations qui existent entre rapports de force et rapports de flux dans la construction d'une société harmonisée. Forces et flux impliquent différentes formes d'intelligence, individuelle et collective. L'intelligence individuelle s'exprime dans un contexte isolé, lorsque la personne, informée des éléments nécessaires à ses décisions et à son action, exerce seule sa volonté

FÉMININE et MASCULINE : DES FORMES COMPLÉMENTAIRES D'INTELLIGENCE

ou non d'agir, de communiquer. Mais avec les réseaux sociaux, les blogs, Twitter, Facebook et les débats télévisés interactifs, une forme de partage de l'intelligence décisionnelle communicante a vu le jour, faisant place à l'intelligence collaborative et collective. En allant encore plus loin, l'évolution de l'intelligence artificielle pourrait contribuer à reconfigurer notre cerveau et à ouvrir une autre voie. Une voie qui permettrait de dépasser le caractère individualiste, élitiste ou égoïste des promoteurs du transhumanisme, c'est-à-dire de considérer l'intégration des humains et leur symbiose, plutôt que leur transformation individuelle. Une telle symbiose pourrait développer d'autres dimensions du cerveau et de l'intelligence, aujourd'hui occultées ou inhibées par la concurrence et la compétition dans un monde parfois hostile, organisé pour la survie de l'individu plutôt que la coopération, la solidarité, l'altruisme et le partage.

chapitre

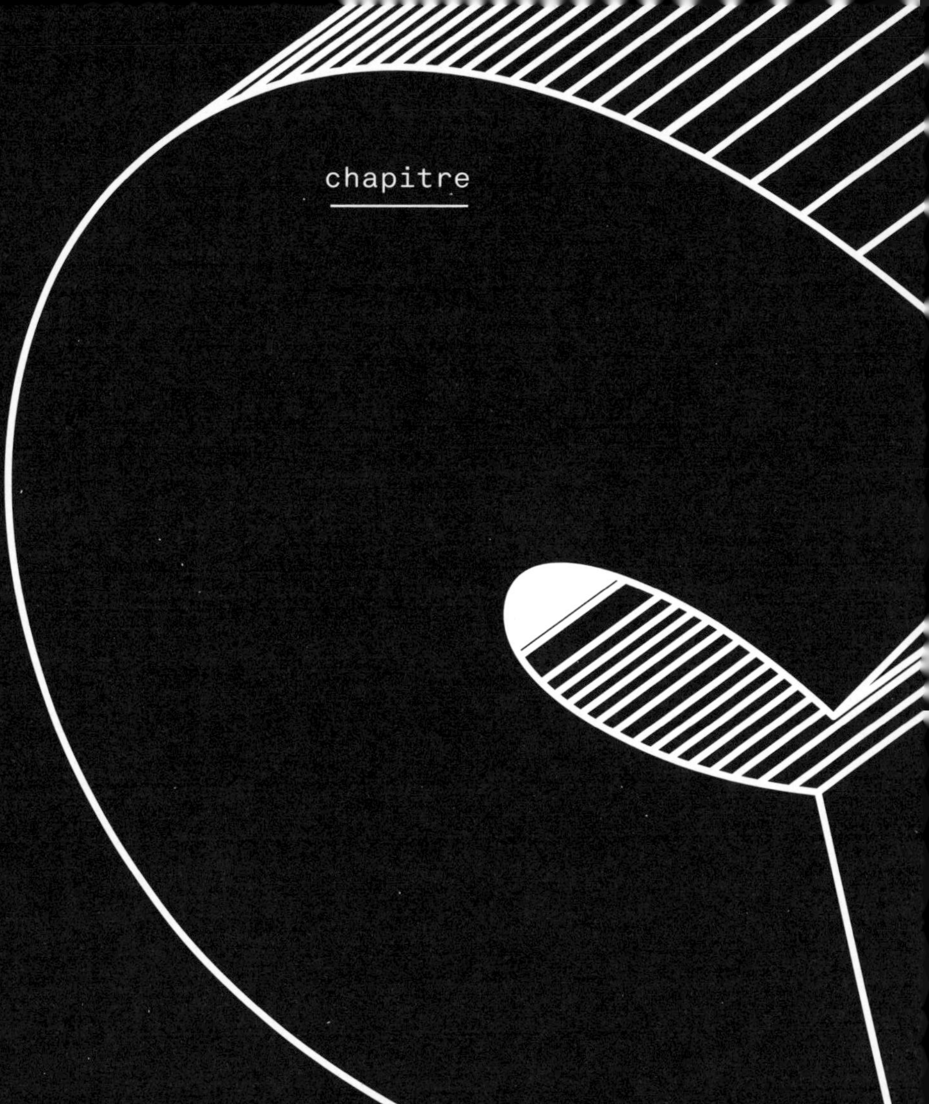

Jo Spiegel

Pouvons-nous nous contenter
du monde tel qu'il est et de l'histoire
telle qu'elle avance ?

Introduction

i

POUVONS-NOUS NOUS CONTENTER DU MONDE TEL QU'IL EST ET DE L'HISTOIRE TELLE QU'ELLE AVANCE ?

XXXX

Pouvons-nous nous accommoder des inégalités grandissantes, du péril climatique et de la montée des idéologies mortifères : celle de l'idolâtrie financière et celle de la xénophobie populiste ?

Tout en moi, dans mon éducation, dans mon vécu, dans l'exercice de mes responsabilités, respire la conviction que seule une humanité plus solidaire et plus fraternelle permettra de faire face à ces défis.

En tant que maire, militant de la transition démocratique, et en tant qu'élu en charge de la transition écologique énergétique sur l'agglomération mulhousienne, j'ai la conviction que c'est au niveau local que se réalisent les transformations et les métamorphoses nécessaires.

Avec l'humain au cœur.

Telle est l'ambition d'une démocratie d'élaboration et d'implication qui privilégie la démarche aux résultats, ce qui est invisible à ce qui est visible, la relation au statut, le « nous » collectif au « je » égotique.

Je pense qu'un élu local peut être un gestionnaire rigoureux des deniers publics et utilement un bâtisseur, mais il n'est rien de plus important et de plus essentiel dans son engagement dans l'espace public que « *de faire de celui-ci un lieu de l'excellence humaine* » (Hannah Arendt).

Avec au cœur, la critique radicale de la « vieille politique ». Que veut-dire, en effet, cette démocratie qui se réduit le plus souvent à des temps électoraux, essentiellement partisans, jamais participatifs et toujours providentiels ?

Quelle est cette démocratie de la séduction, de la caricature, de la posture, sinon celle des promesses qu'on ne peut tenir, du désenchantement, du discrédit, de la défiance et de l'assistanat civique ?

Quelle est cette démocratie qui parle de programme quand il faut privilégier le sens, qui pousse à la consommation passive quand il faut susciter la citoyenneté active, qui produit de l'individualisme quand il faut construire du commun, qui fait croire à l'homme providentiel quand il faut de l'intelligence collective, qui décide par la technique ou par la finance quand il faut plus de pouvoir d'agir politique et citoyen ?

Quelle est cette démocratie de l'entre-soi oligarchique qui a pris l'habitude de squatter la politique, anesthésier le débat, éloigner les centres de décision, technocratiser ou financiariser les processus de décision ?

Quelle est enfin cette démocratie qui se contente de draguer les électeurs tous les 5 ou 6 ans quand il faut associer les citoyens dans l'intervalle des élections ?

Celle qui produit tant d'abstention et tant de révoltes ! Il est temps, enfin, de prendre les électeurs au sérieux.

TELLE EST MON UTOPIE D'UNE DÉMO-CRATIE DE FRATERNITÉ.

i

Jamais des élections présidentielles n'ont mis en exergue à quel point la démocratie était en crise et combien il était urgent et nécessaire de travailler à sa renaissance : la constitution d'une VIe République, la fin de la monarchie présidentielle, la reconnaissance du vote blanc, la pratique du tirage au sort, le non-cumul des mandats dans le temps et dans les fonctions, l'introduction de la proportionnelle, la rénovation radicale du Sénat, le droit de vote aux étrangers...

XXXX

Il faut reconnaître que le mouvement engagé par E. Macron a secoué le cocotier du landerneau politique, redistribué les cartes en dépassant les clivages souvent artificiels, et satisfait une grande partie des Français désireux que la politique quitte les habits détestables de la posture politicienne.

De même, les décisions concernant la moralisation de la vie publique étaient attendues. Impérativement.
Mais les mesures pour un renouveau démocratique mises en agenda par les nouveaux gouvernants ne constituent, en réalité, que « l'écume des choses ».

Ce dont a besoin notre pays, ce n'est pas tant une recomposition politique qu'une alternative de la vie démocratique.
Avec la conviction qu'on ne peut pratiquer vraiment le changement qu'en changeant de pratiques.

Ce qui est donc en jeu, c'est un vrai retournement, c'est-à-dire le passage d'une démocratie providentielle vers ce que j'appelle une démocratie-construction. C'est à cela que nous travaillons, depuis une vingtaine d'années, dans notre commune d'Alsace.
Ce travail est porté par une équipe, il est fait d'essais et d'erreurs et il est guidé par un cheminement personnel.
Un cheminement fait d'allers-retours fréquents entre réflexion et action.
Entre silence et engagement.

Le silence et l'intériorité pour que le sens du service prenne le pas sur l'ego et pour que grandisse l'humilité dans le rapport au pouvoir. L'engagement qui invite à des transformations collectives et personnelles et encourage la fertilisation croisée entre le « je » responsable et le « nous » solidaire.

Ce retournement a été formalisé dans une Charte du Renouveau démocratique proposée au vote du Conseil municipal en 2015. Elle a été le préambule d'une nouvelle étape d'incitation au désir de participation démocratique et d'approfondissement d'une démocratie continue, réelle et effective : Agora 15-20.

CETTE CHARTE SE DÉCLINE EN 5 POINTS :

Pratiquer davantage la démocratie dans l'intervalle des élections que pour les élections.

Préférer associer les citoyens et les ressources démocratiques aux processus de décision plutôt que se complaire dans l'entre-soi des élus, de la posture et des clivages partisans.

Vouloir fertiliser les points de vue différents plutôt que se retrancher dans des affrontements stériles.

Promouvoir le « pouvoir d'agir » et donc la responsabilisation de notre société plutôt qu'une « démocratie providentielle » qui se nourrit tout à la fois de la délégation permanente et de l'individualisme.

S'inscrire dans une éthique de la discussion et du dialogue pour favoriser l'écoute, le parler vrai et susciter l'élévation scrupuleuse du débat.

Cette charte de la démocratie-construction est exigeante.

— Exigeante parce qu'elle se veut interactive : elle vise à organiser des rendez-vous réguliers et construits entre représentants et représentés.

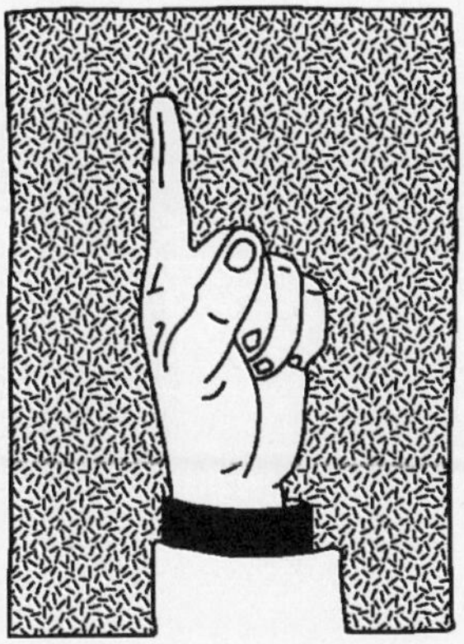

Exigeante parce qu'elle se veut lente pour appréhender ce qui caractérise l'espace public : la complexité, l'altérité, la durée. **Exigeante** parce qu'elle se veut édifiante pour favoriser la transitivité entre le « je » et le « nous », le particulier et le général, l'immédiat et le long terme. Cette exigence change du tout au tout dans le rapport à la décision. C'est prôner l'éthique de conviction plutôt que la posture politicienne. C'est revendiquer l'éthique de responsabilité plutôt que l'appartenance partisane. C'est privilégier le discernement à l'affect, le dialogue aux rapports de force, l'éthique de la discussion à la logique d'affrontement du camp contre camp.

Il nous faut en effet être capables de mettre sur la table les désaccords pour construire des accords et des compromis dynamiques. Cette conception exigeante de la démocratie se rapproche de l'idée que se faisait Hannah Arendt du rapport au pouvoir : « *le pouvoir naît quand les hommes travaillent ensemble, et disparaît lorsqu'ils se dispersent* ». Elle est plus proche du philosophe Jürgen Habermas que celle de Chantal Mouffe.

Elle invite, en tous les cas, à un changement radical du rôle de l'élu. De gestionnaire, bâtisseur, décideur, il devient d'abord un animateur du processus de décision et par là même un activateur des transitions nécessaires, climatiques, économiques, sociales… Pour cela, chaque projet, chaque question à enjeux doit faire l'objet d'une séquence démocratique et doit trouver sa légitimité dans l'épreuve partagée de la réflexion, du débat et de l'élaboration collective.

LES ÉTATS GÉNÉRAUX DE LA DÉMOCRATIE

C'est le sens des états généraux permanents de la démocratie organisés dans notre commune en 2004.

Pour résumer la démarche, il s'agissait au travers d'approches participatives d'inviter tous les citoyens de notre commune à réfléchir, débattre et participer à l'élaboration d'une grammaire démocratique aboutie. Comment mieux écouter, comment mieux informer et donner du sens, comment mieux débattre ensemble, comment mieux élaborer des propositions, comment mieux décider et agir ? Tels furent les thèmes de la consultation.

42 % des Kingersheimois y ont pris part ! Ces états généraux constituent la base de notre engagement en faveur de la rénovation démocratique.

Avec deux convictions fortes :

La première affirme que la démocratie doit être permanente, continue et réelle. La démocratie n'est pas ; elle naît. La seconde revendique que la démocratie n'est pas l'addition des envies, la sommation des égoïsmes ou la moyenne des avis, mais la volonté de construire du commun.

Elle doit être un « agir commun » qui permette à tout habitant qui le souhaite, d'être pleinement citoyen, c'est-à-dire d'être co-producteur de la décision et donc co-propriétaire de l'intérêt général.
Co-construire la décision ; il s'agit là de la pierre angulaire de tout processus démocratique. C'est précisément cette fonction d'élaboration collective, la plus difficile et la plus inconfortable, qui fait singulièrement défaut à la culture démocratique de notre pays.

Elle fait défaut dans la mesure où elle est l'exact endroit où doivent se fertiliser trois cultures essentielles à la construction du commun. Celle de l'utopie et par extension de la vision, du projet, du sens. Celle de la résistance et par extension celle de l'indignation, de la révolte, de la critique, du contre-pouvoir. Celle de la régulation enfin, et par extension, celle de l'engagement, de la décision et de l'acceptation du principe de réalité.

Cultivées séparément, elles cristallisent les différences, exaltent les particularismes et les corporatismes, se nourrissent des affrontements stériles et empêchent tout changement. Cultivées ensemble et fertilisées réciproquement, ces trois cultures produisent des compromis dynamiques et permettent l'émergence des métamorphoses nécessaires. C'est précisément le rôle dévolu aux instances que nous avons créées à Kingersheim : les conseils participatifs.

LES CONSEILS PARTICIPATIFS

Ils ont été conçus dans une lente maturation. Ils sont aujourd'hui formalisés.

Les conseils participatifs sont créés à chaque fois que sont mis en agenda des projets structurants ou des questions à enjeux. Ils sont constitués à l'issue d'une première réunion publique qui est l'acte I de toute séquence démocratique de notre commune. Ils sont composés de toutes les ressources d'intelligence, de sens et d'expertise concernés par la question. Ils sont organisés en trois collèges qui se réunissent de plain-pied : celui des habitants volontaires et tirés au sort, celui des organisations (associations, partenaires institutionnels, personnes ressources, experts, etc.) et celui des élus (issus de tous les groupes).

Leur philosophie est précisément de chercher à fertiliser les points de vue différents et de construire des compromis dynamiques dans les propositions qui sont faites au Conseil municipal. Les conseils participatifs sont donc à la phase décisive de co-construction ce que le Conseil municipal est à la phase de décision.

Durant ces 10 dernières années, 40 conseils participatifs différents ont traité 40 sujets, et impliqué près de 700 acteurs.

Les conseils participatifs qui ont un début et un aboutissement concrets illustrent la conception exigeante et édifiante que je me fais des pratiques démocratiques. Ils revendiquent d'aller au fond du sujet, de solliciter le meilleur de soi, de prendre le temps de la maturation, d'accepter de débattre de plain-pied, d'avoir le souci du bien commun. En ce sens, les conseils participatifs dont la représentativité est réelle, mais dont le nombre est limité pour assurer la haute qualité démocratique, prennent le contrepied d'une démocratie d'opinion, de l'instinct, de l'instant ou de ceux qui crient le plus fort.

Ils se refusent à la facilité du tout ou rien, au manichéisme partisan. Ils ne se reconnaissent pas dans cette sorte de démocratie « à la queue leu leu » où la succession des avis trouve la synthèse dans la seule tête du « chef ».

Ils sont demandeurs d'expertises mais rejettent la technocratie. Ils aiment les leaders qui impulsent mais détestent les chefs qui s'imposent. Ils ont peu à voir avec les conseils citoyens, issus de la loi Lamy. Même s'il s'y passe de belles choses, l'essentiel des projets reste débattu, élaboré dans l'entre-soi des élus.

Là où les conseils participatifs sont en amont de toutes les décisions importantes du Conseil municipal, et évoluent de plain-pied dans l'hybridation de toutes les expertises, les conseils citoyens ont une autorisation démocratique très souvent limitée aux périmètres du quartier et à des décisions sectorielles. Les conseils participatifs constituent donc des espaces de discernement, de raisonnement et de dialogue. De ce point de vue, ils se positionnent comme des antidotes aux démagogies, aux amalgames, aux caricatures, au courtermisme, etc.

Nous l'avons vécu dans la programmation du Parc des Gravières avec la question de ses limites. Nous l'avons vécu dans le projet d'amélioration de construction d'un lieu de culte musulman en pleine crise du terrorisme. Nous l'avons vécu dans le projet d'aménagement du temps de l'enfant où la dimension universelle de l'enfant a gagné sur la dimension singulière de chaque enfant et où l'intérêt général a transcendé les intérêts particuliers. Nous l'avons vécu avec le projet de révision du plan local d'urbanisme qui a intégré la dimension écologique.

Aucune question ne peut être évacuée, aucun frein ne peut être levé, aucun obstacle ne peut être franchi, aucune peur ne peut être surmontée, aucune idée reçue ne peut être battue en brèche quand la démocratie est construction.

Ainsi, l'approche d'un conseil participatif n'est pas idéologique ; elle est à la fois métapolitique (l'ordre des valeurs) et pragmatique (l'ordre du concret).

Le cheminement qu'on y vit naît de la singularité de chaque point de vue et va vers la construction du commun. Leur point de rencontre se fait dans la réciprocité des échanges. Là s'expriment des personnes au sens où l'entendait Emmanuel Mounier. Les personnes unifiées en elles-mêmes, en relation avec les autres, en élévation avec ce qui les dépasse. Toute décision est dépassement. Et « *l'homme ne s'atteint que s'il vise au-dessus de lui* », disait Emmanuel Mounier. Cette dimension transcendantale des processus de décision est systématiquement ignorée, impensée, voire refoulée dans l'inconscient collectif au profit de la matrice ultra-libérale, de la marchandisation des consciences et du matérialisme dominant.

Cette dimension est pourtant au cœur d'une démocratie d'intelligence et de fraternité. En ce sens, le rôle des élus s'honorerait, avant de prôner une étiquette politique, de vouloir tirer vers l'avant et de tirer vers le haut. Pour réussir cette conversion qualitative d'une démocratie d'autorisation en une démocratie d'exercice, il nous faut poser un certain nombre de balises. Celle de la formation des participants, celle de l'ingénierie du débat public et celle de la clarté du périmètre de discussion.

Retour à l'éducation populaire

Il ne peut y avoir d'épanouissement démocratique fondé sur l'ignorance ou le simplisme. Au début de chaque cycle démocratique, il nous faut consacrer le temps nécessaire à ce que tous les acteurs aient le même sens des mots et le même niveau de compréhension. Il nous faut retrouver, en toute occasion, le sens et l'ambition de l'éducation populaire. Le peuple éclairé, c'est l'antidote du populisme.

L'ingénierie démocratique

Il n'y a pas plus difficile que de réguler un débat, de faciliter l'émergence équitable de la parole, d'animer le « consentement progressif », bref, de travailler à une démocratie apaisée. Pour ce faire, il nous faut des ingénieurs du débat public ; c'est une proposition que j'ai faite dans un livre collectif qui s'appelle *Faire renaître la démocratie*. C'est dans cet esprit que la ville a financé une formation à des « agoracteurs » (citoyens engagés dans les conseils participatifs), à des collaborateurs et à des élus volontaires de notre commune. Nos villes et nos usines peuvent compter sur des ingénieurs de différentes natures, de différentes fonctions. Il est temps que la démocratie soit animée et enrichie par l'ingénierie de l'intelligence collective.

Le périmètre de discussion

Le « tout est possible » est un déni de la démocratie. Cela n'existe pas davantage dans l'espace public que dans l'espace privé. Il est donc essentiel, si l'on ne veut pas engendrer, de fait, de la frustration ou alimenter le consumérisme égotique, de préciser les règles de fonctionnement et le cadre de discussion.

Il appartient aux élus de le proposer au regard des contraintes dont ils ont connaissance et qu'ils se doivent de partager. La noblesse du politique est là. Dans le refus de la démagogie, de la flatterie, de l'instrumentalisation des peurs, dans le parler vrai et la confiance en l'élaboration collective.

Agora 15-20

Cette confiance doit s'exprimer non seulement dans la volonté d'associer les citoyens aux processus de décision, mais tout autant dans la volonté de susciter, d'encourager et de faciliter le pouvoir d'agir des habitants. C'est le sens de la plus récente des olympiades démocratiques organisées dans notre commune en 2015, où les agoracteurs et les élus ont entrepris un porte à porte pour encourager les habitants à s'engager dans des projets, proposés ou suggérés, et dont ils seraient porteurs.

C'est dans cette démarche, appelée Agora 15-20, c'est-à-dire démocratie continue et réelle 2015-2020, qu'ont été créés ou approfondis plusieurs ingrédients d'une démocratie réelle. C'est d'abord la création d'un Conseil communal de la Démocratie en charge de l'impulsion, du suivi et de l'élaboration de toutes les séquences démocratiques. Elles sont, aujourd'hui, au nombre de 24. Ce conseil communal est une assemblée hybride, formée de 25 agoracteurs (citoyens engagés), de 10 élus et collaborateurs et de 10 représentants du monde associatif et de personnes ressources.

C'est ensuite la décision de préparer et d'animer les séquences démocratiques par des équipes-projets qui sont formées d'habitants (majoritaires), d'élus et de collaborateurs référents. La démocratie ne supporte pas l'impréparation, le bricolage, l'improvisation. Si nous voulons favoriser un cheminement fructueux dans le processus de décision, il faut que toutes les équipes-projets intègrent toujours les trois dimensions de sens, d'expertise technique et de facilitation du débat.

Il n'y a de citoyenneté active que dans une démocratie vivante.

LA MAISON DE LA CITOYENNETÉ

Que ce soient des séquences qui visent à mieux décider ensemble (conseils participatifs, jury citoyen, forum ouvert, etc.) ou que ce soient des étapes, comme Agora 15-20, qui encouragent le pouvoir d'agir, toutes sont accueillies et vécues dans un lieu dédié aux pratiques démocratiques : la Maison de la Citoyenneté.

Il n'y a de citoyenneté active que dans une démocratie vivante. C'est là que se réunissent toutes les ressources démocratiques : celles des citoyens, celles des organisations, celles des élus. C'est là que s'épanouissent les trois fonctions essentielles de la démocratie : celle de la décision assumée par le Conseil municipal, et celles du débat et de l'élaboration collective, portées par tous dans les processus de concertation que nous voulons décisifs pour la décision.

Ainsi, il ne saurait y avoir de hiatus entre la phase décisive de concertation et la phase décisionnelle, comme il ne saurait y avoir une opposition entre la démocratie de représentation et la démocratie de participation. La première se voit être réenchantée quand s'épanouit la seconde. À condition qu'il y ait un impact réel de la participation démocratique sur la décision politique.

Pour concrétiser cet impact, je suspends régulièrement les séances publiques du Conseil municipal pour l'ouvrir aux habitants et mettre en délibéré les propositions mûries, portées et proposées par les représentants des structures de participation démocratique. Ainsi se fait le lien entre ce qui est décisif et ce qui est décisionnel ; entre l'Agora (conseil participatif) et l'Ekklesia (conseil municipal).

La transparence et la confiance

Ce qu'il faut retenir de cet état d'esprit, de ces pratiques et des valeurs qu'elles portent, c'est qu'aucune décision n'est prise par le Conseil municipal sans qu'elle n'ait fait l'objet d'une participation démocratique.

Même si la participation des habitants reste limitée, la démocratie ouverte est caractérisée par la transparence. Elle est essentielle pour créer la confiance.

La confiance qui se retrouve aussi dans l'exemplarité de l'engagement : intégrité, parler vrai, concordance entre ce que l'on dit et ce que l'on fait. Ce sont les prérequis d'un rapport humble au pouvoir et d'une démocratie de participation. Dans notre commune, il n'y a plus de vœux pimpants du maire, il n'y a plus de coupé de rubans.

Les vœux du maire sont remplacés par les vœux de Kingersheim, c'est-à-dire un rendez-vous plus populaire, plus festif, plus simple. Les habitants se souhaitent la bonne année entre eux. Les inaugurations avec coupé de ruban sont remplacées par des « temps d'appropriation ». Les élus ne sont pas propriétaires de leurs actes. Ils sont au service du bien commun, qui est la propriété de tous.

Pour remplacer les agents communaux pendant les vacances, le recrutement des jeunes se fait par tirage au sort. Ce moment est vécu, souvent avec beaucoup d'émotion par les parents, comme un ressourcement de la valeur égalité. La même chance est donnée à chaque jeune : pas de favoritisme, pas de clientélisme, pas d'opacité, mais la transparence et l'équité.

UN ACTE DE FOI

Lorsque « j'arrêterai la politique » dans trois ans, j'aimerais laisser en témoignage les convictions du pacte civique déclinées au niveau de notre commune en 2011 et présentées à notre Conseil municipal sous cette forme : « Nous affirmons que nous sommes tous acteurs d'un futur désirable pour tous.

Nous croyons que :

∆ La Démocratie est autant une construction (exigeante et édifiante) qu'une élection.

∆ Le « pouvoir d'agir » (*empowerment*) de tous est aussi important que le bulletin de vote de chacun.

∆ Les changements ne sont profonds et durables que si les transformations opérées sont autant citoyennes et personnelles que collectives et publiques.

∆ Les choses bougent autant dans les mouvements entraînés par le bas que dans les décisions qui viennent d'en haut.

∆ Ce qui est invisible est aussi essentiel que ce qui est matériel.

∆ Les habitants sont gagnants à « construire un monde commun ».

∆ Le rôle des élus doit se transformer.

À travers ce texte, les lecteurs comprendront combien prend sens l'utopie d'une vie fraternelle, combien est forte la résistance au non-sens et à la marchandisation de notre société, et combien est nécessaire l'engagement pour un monde meilleur.

J'espère, alors, y avoir contribué en revendiquant de bout en bout :

∆ La haute qualité humaine avec la place centrale de l'enfant dans notre commune, le rôle de l'éducation et de la culture.

∆ La haute qualité environnementale avec mon engagement au travers d'un Plan Climat-Air-Énergie territorial dans l'agglomération mulhousienne.

∆ La haute qualité d'organisation des pouvoirs locaux, tellement utile lorsqu'elle est construite sur les principes de coopération et de subsidiarité.

Et au cœur de ces transitions territoriales, la plus essentielle est celle qui revendique la haute qualité démocratique. Là où il s'agit d'articuler le dedans et le dehors, le haut et le bas, le vieux et le neuf.

chapitre

D

Stéphanie Gibaud

Être honnête, sans en avoir peur.

Stéphanie Gibaud

ÊTRE HONNÊTE, SANS EN AVOIR PEUR

En 1999 à Paris, UBS ouvrait les portes de sa maison Gestion de Fortune. À l'époque, c'était une start-up d'une cinquantaine de collaborateurs avec des moyens colossaux, que j'ai rejointe à l'aube de l'an 2000.

Je suis recrutée pour le poste de Responsable Communication & Marketing événementiel. Mon rôle est de développer des partenariats avec des maisons de luxe, des événements haut de gamme pour attirer les nouveaux clients, de fidéliser les familles en fonction de leurs intérêts musicaux, sportifs, culturels et financiers.

Pendant huit années, on me demande d'organiser jusqu'à une centaine d'événements par an au fur et à mesure que les bureaux ouvrent dans les capitales régionales. Je me déplace au quotidien de Lyon à Lille, de Bordeaux à Strasbourg, de Nantes à Cannes. À la majorité des événements sont présents des banquiers (que l'on appelle chargés d'affaires dans la jargon bancaire) suisses de Lausanne, Bâle, Genève ou Zurich. Je coordonne leur présence avec mes collègues du Marketing à Genève.

Grâce au travail du Marketing, les chargés d'affaires peuvent construire des liens forts avec leurs invités : en gestion de fortune, il est en effet primordial de développer la confiance. La confiance, ça se mérite. La confiance, c'est sur du long terme : on ne laisse pas la gestion du patrimoine familial transmis par ses arrière-grands-parents à n'importe qui. Pour ce faire, UBS met en avant la méritocratie, érigée en culture d'entreprise. Je suis fière d'appartenir à cette banque pour laquelle je travaille sans compter et en laquelle j'ai une totale confiance. Mais ma confiance est ébranlée car la banque la plus respectée, la plus titrée par ses pairs, la plus ancienne, est tour à tour en 2007 sous les feux de l'actualité puisque nous apprenons qu'elle est la banque non américaine la plus touchée par la crise des subprimes, mais également le dépositaire du fonds Madoff au Luxembourg au moment où éclate le scandale d'évasion fiscale aux États-Unis par un de mes anciens collègues, basé à Genève. Cet Américain fait donc le même métier que les cent cinquante chargés d'affaires suisses que je reçois lors des événements que j'organise en France. Grâce à Birkenfeld, je prends conscience de quelque chose dont je n'avais jamais entendu parler. En 2007, il décide de dénoncer les activités illicites d'UBS en matière d'évasion fiscale au Ministère de la Justice des États-Unis. Il devient donc le premier lanceur d'alerte sur le sujet de l'évasion fiscale.

La gravité des activités d'UBS au regard de la loi des États-Unis est telle qu'UBS joue sa licence bancaire (une licence est obligatoire pour exercer dans chaque pays), mais Washington se contentera d'exiger le paiement d'une amende (780 millions $ en février 2009 auxquels s'ajoutent 200 millions $ un peu plus tard). Dans la négociation, les États-Unis obtiennent qu'UBS leur communique une liste de 4.450 noms de citoyens des États-Unis qui ont planqué leur fortune en Suisse par son entremise. Birkenfeld explique des techniques commerciales qui font froid dans le dos : il cachait notamment des diamants dans des tubes de dentifrice quand il voyageait, pour échapper au contrôle des douanes. Du grand banditisme en bande organisée. La première à avoir brisé le secret bancaire est donc UBS, mon ex-employeur. C'est la première fois que j'entends parler d'évasion fiscale. Et ma première prise de conscience que quelque chose ne va pas.

À ce moment-là et après toutes ces années, je comprends ce que j'ignorais absolument, à savoir que l'organisation à laquelle j'appartiens crée partout dans le monde les conditions de la fraude fiscale, puisque les événements que j'organise en France permettent de mettre en place le démarchage illicite des Français fortunés par les banquiers suisses.

Le démarchage des banquiers suisses est interdit puisqu'ils n'ont pas de carte de démarchage. Ni en France, ni aux USA, ni ailleurs dans le monde. Mais l'histoire est loin d'être terminée : le 25 juin 2008, ma supérieure entre dans mon bureau m'informant qu'une perquisition a eu lieu dans le bureau du Directeur général ; elle me demande alors d'effacer de mon disque dur tous les listings des invités relatifs aux événements, ces invités étant liés à des chargés d'affaires français bien sûr et / ou suisses. Intuitivement je n'exécute pas cet ordre. Elle reviendra me répéter cette instruction à plusieurs reprises, mais également me demander de jeter le contenu de mes armoires.

C'est alors que je retrouve dans un de mes tiroirs ce manuel, « Security Risk Governance » remis par Genève quelques années plus tôt. Tous les commerciaux le possédaient. Comment passer les frontières et ne pas se faire prendre si les douanes, curieuses, demandaient d'accéder à nos téléphones portables, taper trois codes PIN erronés, changer d'hôtel et de compagnie de taxis régulièrement. Ça me rappelle alors les déclarations de Birkenfeld à la presse.

Je prends contact avec un avocat qui me fait comprendre très clairement qu'il se passe quelque chose de malhonnête. Il me conseille de ne pas effacer ces fichiers sans instruction écrite, ma responsabilité serait engagée au niveau pénal. Je pourrais être prise au piège. Il m'explique que si la banque était un jour inquiétée dans une affaire pénale, je serais complice.

Par ailleurs, il me fait prendre conscience qu'étant donné la gravité des faits et l'affaire aux USA, il se pourrait que les douanes judiciaires m'emmènent, menottes aux poignets, lors d'un prochain événement.

Pour me protéger, je deviens donc lanceuse d'alerte malgré moi. Je refuse d'effacer ces fichiers sans instruction écrite. Les liens professionnels sont de plus en plus tendus, mais comme je travaille dans la banque depuis son ouverture, que tout le monde me connaît, que mon histoire se sait, je deviens celle qui a le courage de briser l'omerta. Certains collaborateurs se rapprochent de moi. Je deviens donc le témoin privilégié d'un certain nombre d'autres dysfonctionnements. Non seulement l'affaire Birkenfeld m'avait fait comprendre l'illégalité du démarchage des banquiers suisses sur le territoire français, mais certains banquiers m'apprennent l'existence d'une comptabilité parallèle, dénommée Carnet du Lait, où sont répertoriées certaines transactions mensuellement.

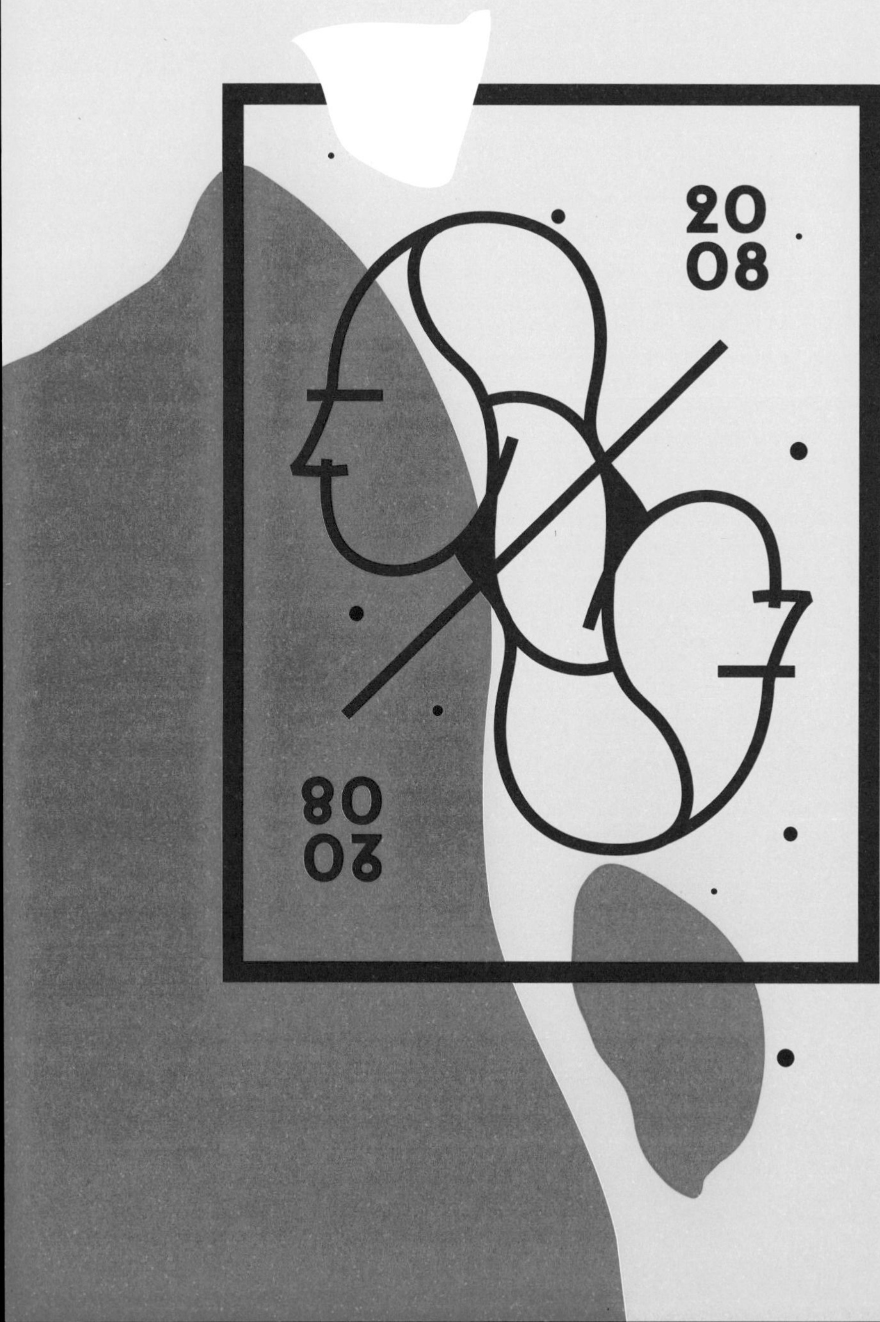
20
08

Un carnet du lait est une expression des vachers suisses, qui traient les vaches dans les alpages et notent chaque soir le fruit de leur collecte - ce qui fera dire à mon avocat lors de mon audience prud'homale que les Suisses prennent la France pour une vache à lait.

Ces transactions ne font pas partie de l'outil comptable de la banque et pour cause, il s'agit d'opérations d'évasion fiscale ; en me renseignant j'apprends d'ailleurs que plus de 90 % des actifs financiers déposés en Suisse ne sont pas déclarés. Ce qui me sera confirmé plus tard par Birkenfeld. Un autre choc est d'apprendre que les bonus des banquiers sont calculés non pas sur la méritocratie que l'on m'a tant inculquée, mais sur les montants qu'ils font entrer en France et aussi à l'offshore, non déclarés pour la plupart. Aussi, je rencontre l'audit interne avec lequel nous discutons du fruit de nos enquêtes respectives. Il m'explique que son métier est de faire respecter les lois en vigueur dans le pays. Il me parle des autorités de contrôle dont dépendent toutes les banques : l'Autorité de Contrôle prudentiel et l'Autorité des Marchés financiers. Je me demande alors comment les autorités de contrôle n'ont pu, elles, rien contrôler ni remarquer depuis dix années.

C'est donc à l'été 2008 que je vais décider de tirer la sonnette d'alarme, de lancer l'alerte en interne. Comme il n'existe pas de manuel de lanceur d'alerte, je fais au mieux dans un état de stress intense. En tant que professionnel, quand votre supérieur vous fait passer un devis trop cher ou qui semble à vos yeux poser problème, vous l'étudiez, signalez ce qui vous paraît être un dysfonctionnement, voire vous faites une autre proposition. Là, ma démarche est exactement la même. Je rencontre alors, séparément, plusieurs dirigeants de la banque et leur explique, tétanisée, ce que je viens de découvrir grâce à mes discussions. Je signale à mes dirigeants que des collègues banquiers m'ont expliqué des mécanismes qu'UBS a mis en place dans le cadre d'un système international tourné vers la banque offshore, notamment vers la Suisse à l'époque. La gestion de ces actifs financiers, de ces fortunes non déclarées à plus de 80 %, ça s'appelle de l'évasion fiscale en bande organisée et c'est absolument illégal. Et ne rien dire, c'est en être complice. À ce moment-là, je m'attends simplement à être remerciée de mon intérêt pour le fonctionnement et la réputation de l'entreprise, comme pour un devis rectifié.

Je pense alors à tort que ma vie va continuer comme avant. Ma DRH, mon Président, mon Directeur juridique, mon Directeur général – celui- là même dont le bureau a été perquisitionné et qui aujourd'hui plaide coupable dans le dossier pénal – me disent tous que je suis fatiguée, que je devrais prendre des vacances, que j'invente une histoire et qu'ils trouvent les uns les autres que je ne suis plus très compétente à mon poste. Le fait de parler, de dire que j'ai compris que quelque chose ne va pas, m'est reproché : à la suite du lancement de cette alerte en interne, mes évaluations chutent totalement. À commencer par celle de 2008. Moi qui ai de bonnes évaluations qui m'ont permis de progresser jusqu'à Responsable Marketing et Communication, je deviens soudain beaucoup moins compétente.

Début 2009, avec ce niveau d'évaluation, je suis de fait «déclassée» pour devenir Responsable des Hôtesses à l'étage de la banque où sont accueillis les clients. Je dois vérifier la propreté des bureaux, l'hygiène de la cuisine et m'assurer que les plantes vertes et les fleurs sont bien arrosées.

À l'été 2009, à la suite de mes signalements, l'Inspection du Travail me demande de porter plainte contre la banque auprès du Procureur de la République pour des motifs pénaux liés à l'évasion fiscale et le blanchiment de capitaux. Ce que je fais avec l'aide de mon avocat. À cette même période, UBS avait préparé un plan social de cent personnes dont je faisais partie. Mais là, il se passe quelque chose que je ne m'explique toujours pas : la même Inspection du Travail qui m'a demandé de porter plainte refuse de me laisser quitter la banque. Pourquoi le licenciement de quatre-vingt-dix-neuf collaborateurs a-t-il été accepté dans son intégralité à l'exception du mien, de la personne qui avait mis le doigt sur un dysfonctionnement aussi important ? Pourquoi me laisser moi chez un employeur qui fraude, et me rétrograde parce que je dénonce les fraudes ? À la suite de cela, je tombe malade, j'enchaîne les arrêts maladie, je fais une dépression et je sens que l'on me pousse vers la porte petit à petit. D'ailleurs, c'est ce qui a fini par m'arriver puisque je suis licenciée en 2012 avec l'accord, cette fois-ci, de cette même Inspection du Travail.

Aujourd'hui neuf années

Stéphanie Gibaud

J'ai été ambassadrice d'une grande marque jusqu'en février 2012, je gagnais convenablement ma vie. Depuis trois années, je vis grâce aux minima sociaux et malgré les milliers d'articles de presse et le soutien de quelques personnalités, j'ai dû quitter mon appartement en janvier 2017. N'ayant plus de foyer, je ne vois mes enfants qu'épisodiquement. On en arrive à la contradiction que les lanceurs d'alerte qui - dans mon cas - permettent à l'État français de récupérer des milliards d'euros, ne reçoivent ni remerciement, ni protection par l'anonymat, ni protection financière. C'est d'autant plus contradictoire qu'un statut existe. Ce qui veut dire que des professionnels ont pris le temps de penser ce statut et de l'écrire. Pour autant il ne m'a pas été accordé. Une nouvelle loi pour protéger les lanceurs d'alerte de tous les domaines d'activité a été discutée et votée à l'Assemblée nationale, les statuts ont été publiés en 2017. Cette loi sera-t-elle appliquée ?

se sont écoulées.

Pas sûr...

Nous sommes tous potentiellement des lanceurs d'alerte. Que l'on dénonce des maltraitances sur des enfants, des personnes handicapées ou nos seniors. Que l'on dénonce des médicaments qui tuent au lieu de soigner aussi. Mais si nos États, nos administrations et nos lois ne nous protègent pas, alors il est évident que personne n'osera jamais plus agir avec honnêteté et intégrité. Ne serait-il pas souhaitable que la personne qui lance l'alerte pour protéger les intérêts de son pays, protéger les autres, soit elle-même protégée ? Dans le pays des droits de l'homme, mais aussi en Europe et partout dans le monde ?

Julian Assange, Edward Snowden et Chelsea Manning sont les emblèmes des lanceurs d'alerte. Exilés, emprisonnés ou encore enfermés pour avoir eu le courage de dire la vérité. Il s'agit là du combat pour la transparence, le bon sens, le vivre-ensemble. Il est question de loyauté, d'intégrité. Puisque tout ce qui a été mis au jour est l'illustration que ces informations cachées favorisaient l'entre-soi, l'opacité et que nous avons prouvé que l'opacité crée l'impunité.

Je milite à titre personnel pour une pénalisation des fraudeurs fiscaux, des patrons de banques et de tous ceux qui incitent ou jouissent de la corruption. Que les multinationales et les banques payent des amendes est une chose, mais que ceux qui décident des stratégies soient eux aussi condamnés et notamment qu'ils subissent des peines de prison. J'ai également proposé en 2016 à notre Ministre des Finances qu'un pourcentage du montant des fraudes alimente un fonds pour les lanceurs d'alerte, démunis financièrement face à tant d'opacité et face à la longueur des procédures.

Des lanceurs d'alerte sont portés disparus, d'autres vivent cachés, certains sont en danger de mort. Comme le chantait Guy Béart : « Celui qui dit la vérité doit être exécuté ». La loi du silence règne en maître. Au final, à l'été 2017, vaut-il mieux être fraudeur fiscal, banquier UBS mis en examen ou Stéphanie Gibaud ? Il n'y a pourtant qu'une vérité : la banque a-t-elle fraudé ? Comment a-t-elle pu frauder ? Qui en était informé ? Qui a fermé les yeux ? En un mot, à qui profite le crime ?

Je suis sortie d'UBS en tenant à peine debout : dépression, harcèlement, isolement ont été mon quotidien pendant plus de trois années après avoir tiré la sonnette d'alarme. Mais ce que je vis depuis ma médiatisation est pire : discrédit dans les médias, lenteur de la justice et procédures nombreuses. J'ai pourtant gagné deux fois en justice, mais lorsque celle-ci reconnaît que le faible, que le petit a raison, les sommes sont tellement dérisoires que le jugement n'en est que plus méprisant.

Ayant été sur-médiatisée en France mais également à l'étranger, notamment en Amérique du Sud mais dans la quasi-totalité des pays d'Europe et aussi en Russie, je suis toujours surprise d'apprendre que personne n'ait entendu parler d'UBS, de mon histoire. Seules quelques associations, seules quelques personnalités engagées savent ce qui m'est arrivé. Chacun aurait pu être à ma place et n'importe qui pourrait l'être aujourd'hui.

Les solutions existent pourtant, malheureusement le désintérêt et l'individualisme gagnent encore du terrain. Même s'il est primordial d'être dans l'action, en gardant nos valeurs d'exemplarité et d'intégrité, il m'arrive parfois d'être désespérée devant tant d'indifférence. Ma situation n'est pas un cas isolé. Toutes les dérives que les lanceurs d'alerte ont dénoncées n'ont été possibles que grâce au secret. Le secret crée l'impunité. Nos eurodéputés ont massivement voté au printemps 2016 la directive Secret des Affaires. À l'été 2017, ils réfléchissent à une loi de protection des lanceurs d'alerte… Nous serions donc à l'avenir écoutés d'un côté et protégés de l'autre ?

On ne peut être uniquement armé physiquement et mentalement pour pouvoir continuer à se battre pour que nos dossiers aient une potentielle issue favorable et au-delà de la question juridique, pouvoir continuer à croire en la vie. Alors, que faire ? Que faire lorsque l'on est abandonné par la Justice de son pays et par son État ? Comment continuer à croire que la démocratie dans laquelle nous vivons est dirigée par des hommes et des femmes qui œuvrent dans l'intérêt général ? Avec quelles valeurs continuer à élever nos enfants face à tant d'injustice, dans un pays où un nombre impressionnant de responsables ferme les yeux sur des dysfonctionnements majeurs qui génèrent de plus en plus de corruption, de violence, de précarité ? Faisons en sorte, chacun à notre niveau, que le statut de lanceur d'alerte soit reconnu, et – surtout – appliqué. Ne pas soutenir les lanceurs d'alerte, c'est soutenir les crimes, les délits et les dérives de notre époque. Que retiendra l'histoire du début du XXIe siècle ?

Durant l'Inquisition, ceux qui étaient agnostiques étaient au mieux spoliés de leurs biens, emprisonnés voire assassinés. Chacun d'entre nous pouvant potentiellement être lanceur d'alerte, je retrace dans mon deuxième livre le parcours héroïque de dizaines de citoyens – héros ordinaires – qui sont en danger pour avoir dit la vérité et pour ne pas avoir voulu cautionner des actes délictueux. Quels que soient leur nationalité, leur métier, leur âge, leur industrie, ils ont tous été ostracisés et ont tous subi des représailles. Il existe pourtant des solutions simples et de bon sens. Dans la mesure où nos histoires sont anxiogènes, où il est question de tout avoir perdu pour avoir été honnête, nous - qui avons été tellement isolés - ne pouvons que nous regrouper «pour nous tenir chaud».

Il est venu le temps où le front des justes se lève, il trouve sa force dans celles et ceux qui portent au cœur l'arme de la vérité. Tous les menteurs et les êtres de petite vertu périront alors grillés par sa lumière.

Par Hubert Reeves,
astrophysicien, président d'honneur
de « Humanité et biodiversité »

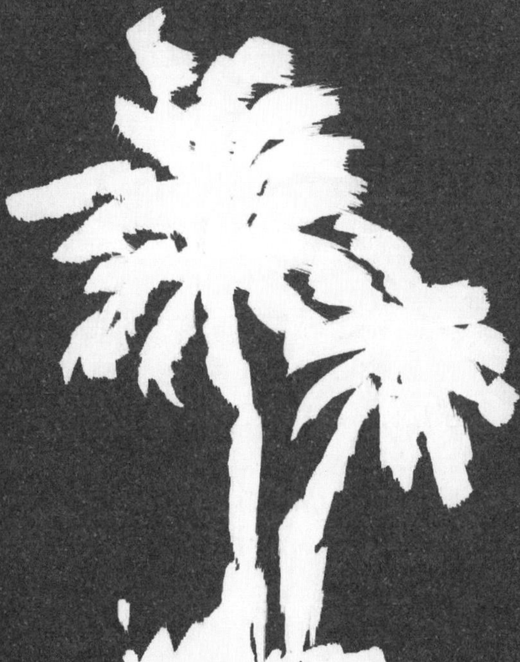

OASIS…
OASIS…
OASIS…

OASIS NATURE

OASIS : Selon le dictionnaire Larousse, c'est un « Îlot de terrain, apte à la végétation et à l'habitation humaine, perdu au milieu d'espaces désertiques et dont l'existence est généralement liée à la présence de l'eau - une « zone fertile dans une étendue de terrains arides » - ou « tout lieu, toute situation qui offre une détente, un repos, qui se présente comme une exception au milieu de ce qui est désordre… »

Alors cet îlot de terrain, ce peut être un jardin, un parc, un domaine, mais aussi un balcon ou une terrasse, toute zone fertile où la biodiversité spontanée ou cultivée s'épanouit. Cela devient un lieu d'exception. Répondant à la fois à toutes les définitions du dictionnaire, c'est une OASIS NATURE telle que proposée par « Humanité et biodiversité ».

La biodiversité nous concerne au premier chef, car la biodiversité c'est nous, nous et tout ce qui vit sur terre.

L'avenir de la biodiversité nous concerne tous et chacun peut contribuer à sa préservation de manière concrète. Si peu que nous puissions faire, décidons de le faire en prenant notre part comme le fit le colibri dont la légende nous parvient du lointain passé, lorsqu'un immense incendie ravagea la jungle. Affolés, tous les animaux qui le pouvaient fuyaient devant les flammes. Un petit colibri transporte une goutte d'eau dans son bec pour la déposer sur le feu. Et recommence sans arrêt, répliquant à ceux qui s'étonnaient de le voir jouer le pompier : « *À moi seul je ne peux éteindre les flammes mais je fais ma part* ».

En cette année 2017, il ne s'agit ni de construire une arche comme Noé, ni d'éteindre un incendie cataclysmique, mais de maintenir notre biosphère vivable pour les prochaines générations humaines. Chacun de nous peut faire sa part de colibri et ainsi faire grandir le réseau des Oasis Nature.

« Humanité et biodiversité » regroupe toutes les personnes qui veulent convaincre les décideurs économiques et politiques de la nécessité d'agir pour la biodiversité dont nous faisons partie et dont nous dépendons. Et n'étant pas adeptes du « Faites ce que je dis, pas ce que je fais », bon nombre de nos adhérents mettent un point d'honneur à créer leur propre Oasis Nature. Et l'affichent pour que leur initiative soit contagieuse.

chapitre

Roland Gori

Comment un monde sans esprit a fabriqué les terrorismes ?

Merci à la maison d'édition « Les Liens qui Libèrent » de nous avoir transmis ce texte.

SANS

«Les terroristes appartiennent toujours à leur époque, ils ressemblent davantage à la civilisation qu'ils combattent qu'à l'idéologie dont ils se prévalent. L'État islamique ne fait pas exception.»

« La crise, c'est lorsque le vieux monde est en train de mourir et que le nouveau monde tarde à naître. Et dans ce clair-obscur naissent les monstres.[1] »

« Une toute nouvelle pauvreté s'est abattue sur les hommes avec ce déploiement monstrueux de la technique. Et l'envers de cette pauvreté c'est la richesse oppressante d'idées qui filtrent chez les gens […]. Que vaut en effet tout ce patrimoine culturel s'il n'est pas lié pour nous justement à l'expérience ? […] cette pauvreté d'expérience ne concerne pas seulement nos expériences privées, mais aussi celle de l'humanité en général. Et c'est en cela une forme nouvelle de barbarie.[2] »

texte par
Roland Gori

ESPRIT

A FABRIQUÉ LES TERRORISMES ?

Non M. Valls, « expliquer ce n'est pas excuser », essayer de comprendre les meurtres de masse, les crimes violents et lâches, les violences arbitraires et monstrueuses, les douleurs indicibles et inimaginables que les terrorismes contemporains provoquent, ce n'est pas excuser, et encore moins pardonner. C'est combattre les coupables. Non pas aveuglément et en les suivant à la trace de leurs sinistres forfaits, pris que nous sommes dans un jeu de piste sanglant où nous épuisons nos forces de sécurité à devoir les poursuivre sans relâche, et sans pitié pour nos libertés publiques et privées. Mais en sectionnant à leurs racines les facteurs de risques qui ont permis dans notre monde l'émergence de ces symptômes morbides, et en les éradiquant.
Ce qui suppose que nous parvenions à reconstruire la sécurité au cœur même de nos sociétés malades.

Car il s'agit bie
d'une pa
celle d'une
celle d'« un mo
auquel ap
les ~~me~~
comme leu

d'une maladie,
hologie,
ivilisation,
de sans esprit »
artiennent
~~rtriers~~
s victimes.

Il s'agit bien de la maladie d'un monde livré à la religion d'un marché total, et totalitaire, qui par la globalisation et la fragmentation des cultures concrètes et régionales des peuples et des États-nations, a pulvérisé le fragile équilibre sur lequel reposaient bien des régimes politiques, bien des souverainetés nationales. De ce chaos sont nés les terrorismes. Les terroristes appartiennent toujours à leur époque, ils ressemblent davantage à la civilisation qu'ils combattent qu'à l'idéologie dont ils se prévalent. L'État islamique ne fait pas exception.

Comme le taylorisme dans l'organisation du travail, et avant lui le fascisme en politique, le terrorisme islamiste est un nihilisme. C'est-à-dire qu'il a besoin d'idoles, faute d'avoir des idées, de vraies idées, de celles qui permettent d'exister, de fonder un « pacte d'humanité » entre tous ceux qui, pour un temps seulement, partagent la même terre.

À la place de ce « pacte d'humanité », nos démocraties libérales ont feint de se contenter de sceller en Europe un « pacte de stabilité » pour mieux mettre les citoyens et les peuples sous curatelle technico-financière. Ainsi ces démocraties se sont trouvées « désarmées » face aux entreprises de terreur. Elles ont perdu la force morale et matérielle qui permet aux nations et aux peuples de défendre leur liberté lorsque celle-ci se trouve menacée par des tyrans ou des envahisseurs.
Face à des « révolutionnaires » déterminés aux massacres de masse, aux pires exactions, aux crimes lâches et imprévisibles, l'appel à un « pacte de sécurité » est un peu assourdi ! La sécurité n'est pas uniquement dans la force qui tend toujours, nous dit Simone Weil, à transformer celui qui la subit, comme celui qui l'exerce, en cadavre, tôt ou tard. La sécurité résulte aussi de la culture, de la civilisation des mœurs, du lien social et de ses fabriques. Or, la révolution symbolique du néolibéralisme a largement altéré les fabriques du lien social, les prérogatives des États en matière de protections sociales et de services publics.

Une révolution symbolique est une forme de conversion, analogue aux conversions religieuses, qui transforme la manière de voir le monde et d'éprouver l'expérience sensible. Une révolution symbolique répond à l'exigence de devoir construire un nouvel ordre intellectuel et politique permettant aux humains de supporter les contradictions sociales et les conflits inévitables dans lesquels ils sont pris.

Une révolution symbolique s'impose lorsqu'une hégémonie culturelle a fait son temps, devient obsolète et se doit d'être remplacée par d'autres catégories de penser et d'éprouver. C'est ainsi que la « globalisation » de notre planète, bien au-delà de la mondialisation marchande, est venue se substituer aux cultures d'un monde bipolaire. Contrairement aux illusions progressistes nourries d'évolutionnisme naturaliste, l'histoire n'avance pas en sens unique, les révolutions symboliques ne suivent pas la marche du progrès. Les révolutions symboliques se succèdent, avec des périodes de transition, de superposition et de crise, sans pour autant suivre la flèche du progrès, dans le clair-obscur des crises elles permettent aux monstres de renaître.

La globalisation, marchande autant qu'éthique et culturelle, a permis une redistribution des cartes où mondialisation devenait aussi synonyme de fragmentations.

Le jeu politique et moral en a été bouleversé.

À commencer par celui de nos démocraties libérales toujours avides de devoir trouver un équilibre entre les principes philosophiques de *liberté* et *d'égalité* citoyennes, leur conférant une légitimité éthico-politique, et les inégalités sociales réelles que fabriquent les économies capitalistes. Le néolibéralisme a fait litière de cette utopie d'un système politique libéral où les ratés des inégalités sociales se seraient trouvés compensés par le dédommagement des libertés individuelles et des protections sociales régulatrices. Dès lors le néolibéralisme a fait litière du libéralisme.

Cette utopie a cédé la place à une autre *fiction* faisant de tout humain un « entrepreneur » de lui-même, et des États des soutiens indéfectibles aux grands groupes nationaux lancés dans la compétition internationale. Quitte à devoir délaisser leur rôle d'arbitres et de garants de l'intérêt général, pour contraindre et civiliser les citoyens à cette nouvelle Réforme de la religion du marché. C'est au chevet de cette clinique des nouvelles formes sociales d'organisation du travail que l'on pourra approcher les méfaits de cette utopie, laquelle isole les individus, les transforme en instruments techniques, « mis sous pression », au motif d'accroître leur productivité. Il y a un rapport étroit entre l'organisation sociale du travail humain, le gouvernement politique des peuples et la politique internationale de leurs gouvernants. À la géopolitique des uns, tend à répondre l'organisation sociale et culturelle des autres.

Le néolibéralisme a fait un pas supplémentaire dans le « désenchantement » du monde. C'est ce « monde sans esprit », ce « monde sans cœur » qui impose aux uns comme aux autres « la terreur rationnelle » et la morale utilitaire et cynique fabriquant le chaos d'où émergent les terrorismes, les populismes et autres figures monstrueuses du politique. Ce chaos est celui que produit sur les scènes intimes comme publiques, locales comme globales, un monde sans esprit, un monde guidé par les intelligences algorithmiques, taylorisées à l'extrême.

Ce ne sont pas les algorithmes qui nous aliènent, mais nos aliénations qui nous conduisent à en user de cette manière. Il nous faudrait retrouver la qualité sacrée de la parole et du récit pour que nous puissions faire œuvre de nos vies, avec ou sans les algorithmes, et en finir avec la prolétarisation généralisée des peuples. Les atrocités commises par Daesh nous empêchent de voir que le problème est politique : la panne du sacré fabriquée par l'hégémonie culturelle des révolutions néolibérales a produit ce « monstre » qui se nourrit davantage de spectacles que de recueillement. Ce monstre qui ressemble à la civilisation nihiliste qui l'a engendré.

L'utopie néolibérale a conduit au cynisme le plus total, celui-là même qu'utilisent également les terroristes pour déstabiliser les démocraties.

Ces terrorismes appartiennent bien à notre civilisation, ils en sont les enfants monstrueux. Cela nous arrangerait bien qu'ils en soient les « exclus », les barbares étrangers, les astres morts d'époques révolues. Mais hélas, par leur cynisme « négationniste » de l'humanité, par l'utilitarisme de la terreur, par le « rationalisme morbide » de leurs méthodes, ils se révèlent bien comme des « entrepreneurs » néolibéraux redoutables. Ils tentent par une « propagande par les actes » d'imposer leur « marque » sur le marché des idéologies, dans la lutte pour une nouvelle hégémonie culturelle au moment où les lunes mortes du néolibéralisme brillent de leurs derniers feux. Ils s'emploient sur les marchés de la terreur à nier, à leur manière, l'humanité de l'homme, à ne se soucier que de la productivité de l'horreur, à la fourguer comme une marchandise et un spectacle. L'exploitation de la « matière humaine » comme masse d'ajustement, de camouflage et de « pièces de munitions », avant d'être le lot d'extrême misère et de désespoir de ces scènes de guerre totale, a été « rodée » sur les scènes de production industrielle d'abord, financières et administratives ensuite. Comme avec Taylor : « dans le passé, l'homme était tout, ce sera désormais le système[3]. »

REVOL

Les populations qui servent de « boucliers humains » en savent quelque chose…

UTION

Le système technicien, les progrès considérables des nouvelles technologies, la financiarisation de l'économie, l'effondrement des idéologies et des pratiques réformatrices et le discrédit des mouvements et des États se réclamant des révolutions socialistes, ont permis, dans le domaine du travail, une extension inégalée du taylorisme. Cette nouvelle révolution symbolique dans les mœurs et cette manière de voir le monde, d'éprouver nos expériences, se sont installées sur un mode quasi totalitaire avec les révolutions industrielles d'abord, le marché globalisé ensuite. Les (contre)-révolutionnaires s'y opposent tout en leur ressemblant.

Que devient ce monde vidé de tout esprit, ou presque, que seules tendent à recouvrir et à masquer les pratiques de distraction et de divertissement ? L'humain y devient superflu. Les machines intelligentes le rendent obsolète. Cette culture a fabriqué une prolétarisation généralisée des existences concrètes et singulières. Dans ce « désert », au sens d'Hannah Arendt, les humains sont « esseulés », « désolés », livrés à la cupidité des fascismes de toutes les sortes, césarismes divers et variés, techno-fascismes *newlook*, populismes nationalistes agressifs, totalitarismes contre-révolutionnaires… ou théo-fascismes.

Roland Gori

B
WALTER
E N J M

— **Alors, oui j'affirme, en accord avec l'anthropologue Scott Atran, que l'État islamique s'apparente à une révolution, une révolution conservatrice, réactionnaire, accouplant des pratiques terroristes à une idéologie, au sens gramscien du terme, à une forme symbolique de discours et de vie qui rencontre, à un moment historique donné, des forces matérielles, des infrastructures économiques et politiques en mouvement ou plongées dans un chaos. Ce chaos que nous avons fabriqué en Occident, par nos manières de vivre ensemble, et à l'extérieur en essayant de les « greffer » dans d'autres régions du monde.**

De ce chaos naît l'État islamique et les nationaux-populismes qui l'accompagnent. Ils partagent la haine conjointe des principes des Lumières et des projets d'émancipation sociale et subjective qui les ont prolongés. Ne nous y trompons pas : l'ennemi est bien un révolutionnaire, un révolutionnaire des anti-Lumières. Il appartient de pied en cap à tous ces ennemis des Lumières qui font sans cesse résurgence.

Ce n'est pas méconnaître sa nouveauté et son originalité que de le rapprocher de tous ces mouvements contre-révolutionnaires, réactionnaires et conservateurs toujours, totalitaires et fascistes parfois, qui font éternellement retour, et donnent l'impression que « l'univers piétine sur place », comme le criait du fond de sa prison le révolutionnaire Blanqui. Toute la philosophie de l'histoire de Walter Benjamin montre que la remémoration d'un passé s'écrit dans le texte de l'actualité qui offre à la fois ce qui est primordial et originel, et ce qui est radicalement nouveau. Depuis le début des Lumières, des (contre)-révolutionnaires n'ont eu de cesse de contester ce qui dans la culture en recueille l'héritage.

Paradoxalement, le néolibéralisme a favorisé la crise du libéralisme et dilapidé bien des notions qui en étaient l'héritage. Les terrorismes et les nationaux-populismes aujourd'hui poussent telles des fleurs vénéneuses sur l'humus du néolibéralisme décomposé.

On n'efface pas impunément la souveraineté des nations sans prendre le risque de voir des communautés se reformer selon de nouveaux alliages, et sous la pression de nouvelles divisions. Les identifications humaines, collectives comme singulières, sont symboliques, en aucune manière « naturelles » ou évidentes. Elles résultent de rapports de forces et sont d'une certaine façon arbitraires. Ce qui explique les violences qui les fondent et l'autorité qu'elles revendiquent. À la révolution symbolique des nations, parfois imposées par les colonisateurs, ont succédé aujourd'hui de nouvelles révolutions symboliques qui tentent de recycler les identifications anciennes des religions, des sectes, des tribus, des clans et des ethnies.

L'humanité de l'homme est fragile, toujours à construire, déjà-là et à venir, elle affleure dans ces traces que laissent les œuvres et les actes d'émancipation, comme autant d'instants d'éternité actualisés dans un présent dont le « diagnostic » éclaire l'avenir… faute de quoi « l'esprit erre dans les ténèbres » disait déjà Alexis de Tocqueville. Nous risquons d'y entrer dans ces ténèbres, si nous ne faisons pas l'effort de comprendre « comment nous en sommes arrivés là ? Qu'est-ce que nous pouvons espérer ? » C'est cette injonction à connaître, qui constitue le défi lancé depuis le XVIIIe siècle par les Lumières, que nous nous devons, une fois encore, à l'orée des révolutions, de relever.

LR&LP

Roland Gori

A L B E
C A M U

Il importe de percevoir à travers les terrorismes actuels l'« éternel retour » du même : quand les conditions historiques ne permettent plus de lier l'actualité à la tradition, le nouveau à l'éternel, la civilisation fuit dans la mode fugitive et contingente, ou opère un retour obscurantiaste à l'origine fétichisée et momifiée. Le néolibéralisme appartient au premier choix, l'islamisme salafiste au second. L'un comme l'autre procèdent de « coups d'État » divers et variés, ou d'épisodes (contre)-révolutionnaires. Ils résultent d'un temps dissocié, d'une temporalité en panne de dialectique, cristallisée dans son origine imaginaire ou exhalée dans l'instant. Face à la fumée du libéralisme et à la pierre marmoréenne du salafisme, il nous faut construire et inventer une nouvelle temporalité, une nouvelle conscience critique et partagée.

Cette nouvelle conscience collective et politique ne saurait venir au monde qu'à la condition que nous soyons capables de reconnaître à l'art et à la culture une fonction sociale, la puissance sacrée des droits de « la pensée humiliée », dont parle l'œuvre d'Albert Camus. Là où les fascismes, anciens ou nouveaux, tendent à esthétiser la politique et ses actions, il nous faudra politiser l'esprit. Tel a été l'enseignement de Walter Benjamin : politiser l'intelligence.

Ce n'est donc pas sur la scène des idéologies, de leurs affrontements, que nous parviendrons à combattre les terrorismes, ce qui constituerait une manière de s'y inclure et de s'y aliéner.

Mais bien plutôt en essayant de comprendre et d'analyser les moments historiques où ces formes rencontrent des conditions favorisantes qui leur redonnent la vigueur de forces révolutionnaires. Lorsqu'une idéologie parvient à recueillir « le souffle des opprimés », « le cœur d'un monde sans cœur », cela veut dire que le politique a failli, pas seulement le personnel politique. Non, le politique en tant que synonyme de culture, ce politique authentique qui affecte les foules pour le meilleur, et parfois pour le pire, les met magiquement en émotion. C'est alors qu'adhérant à de nouvelles fictions sacrées, les foules deviennent des peuples.

C'est, en partie, l'objectif de cet essai que de montrer que la panne du politique, aujourd'hui, consécutive à la révolution conservatrice néolibérale, produit, en retour, de nouvelles idéologies concurrentes portées par le désir et la nécessité de résoudre et d'affronter les contradictions d'un régime libéral en proie à la violence tayloriste du capitalisme financier. **Ce qui suppose un autre rapport à la mémoire et au temps, dont l'art seul peut-être, peut rendre compte.**

Ce qui suppose une autre posture éthique et politique, véritablement humaniste que seule une nouvelle hégémonie culturelle permettrait. Une posture éthico-politique qui reconnaîtrait à l'art et à la culture authentique leur pleine fonction sacrée, leur puissance symbolique à relier les humains entre eux, à transformer la foule en Peuple, à donner aux « populations » la substance d'une « spiritualité politique » sans laquelle l'humain vit, mais n'existe pas. À cette condition, nous résisterons à la terreur, à son empire, en sectionnant les racines des forces matérielles et symboliques qui permettent aux formes vides des idéologies, aux spectres sortis de ténèbres, de reprendre vie.

---

[1] Antonio Gramsci, *Cahiers de prison*, I à V, Paris, Gallimard, 1996.

[2] Walter Benjamin, *Expérience et pauvreté* (1933), Paris, Payot, 2011, p. 39-40.

[3] Frederic Winslow Taylor, *Principes d'organisation scientifique* (1911), Paris, Dunod, 1927, p. 20.

02

GRAINE

chapitre

103

Eliott Schonfeld

Point de départ

Point de Départ

Photographies par
Eliott Schonfeld

•

À 19 ans, après presque deux décennies de vie parisienne, je me retrouve dans un avion qui m'emmène en Australie. Il y a quelques mois de cela, je n'aurais jamais imaginé me trouver ici dans cette situation. Je menais une vie confortable et bien rangée, je ne remettais nullement en cause la société dans laquelle je vivais et l'avenir que je me représentais était limpide.

Je crois que c'est la classe préparatoire qui a déclenché le déclic. Les quantités immenses de travail, les nuits blanches passées à finir des devoirs, m'ont poussé pour la première fois à me demander si j'avais réellement envie de tout cela et si j'y trouvais un sens. Ça m'a fait prendre conscience à quel point j'étais épuisé d'être assis et combien j'avais besoin de partir et de tout quitter.

Dans l'avion, je réalise que je pars davantage contre une chose que pour une autre. Mon départ est plus le fruit d'un rejet que d'un attrait. Le monde que je quitte me semble violent, obsolète, comme si l'homme avait fait fausse route, que le progrès était le développement d'une erreur. Malgré cela j'ignore complètement ce que je vais rechercher si loin de Paris et ce que j'espère y trouver.

Arrivé à Sydney, je commence à faire du stop. En longeant la côte Est de l'Australie, j'apprends dans mon guide un peu par hasard, l'existence de Fraser Island, la plus grande île de sable du monde. Je me renseigne et je vois qu'il y a un sentier de randonnée qui traverse toute l'île par son intérieur, donc par la forêt tropicale qu'elle abrite.

Je commence la marche avec presque rien dans mon sac, en pensant que je trouverai des magasins en route. Sur place, je comprends vite que ça va être bien plus sauvage que prévu. Pendant plusieurs jours, je ne croise pas le moindre être humain, seulement des animaux. Je dois me rationner et ne m'autorise que trois tranches de pain par jour.

Le deuxième jour, je me réveille, j'entrouvre ma tente et me retrouve nez à nez avec des dingos. Une meute entière. Sans même avoir le temps d'enfiler un caleçon, je les vois déjà en train de partir pour poursuivre leur chasse matinale, alors je sors tout nu dans la jungle et me mets à les suivre discrètement pour continuer à les observer.

Cette expérience a été incroyable. Pour la première fois je me retrouvais seul en pleine nature et malgré la faim, la douleur et la fatigue, je comprenais à quel point je me sentais libre, vivant et heureux. Je découvrais la solitude, le silence, la lenteur de la marche et j'échappais aux injonctions, à l'impératif de se soumettre au brouhaha général. Bizarrement, je n'ai jamais eu le sentiment de survivre mais toujours de vivre pleinement.

Grâce à ce détachement, j'étais parvenu à me débrouiller tout seul pendant dix jours, j'avais dépassé mes peurs, comme si j'avais éclaté une bulle qui m'enfermait depuis tout ce temps. Le vide s'était comblé. Après l'Australie, c'est le Grand Nord canadien que je découvre. Là-bas je travaille pendant huit mois dans un camp de chiens de traîneau perdu dans la forêt, comme *handler*, puis comme *musher*.

Mais voilà, après tous ces mois à voyager, il est temps de rentrer. Il est temps de revenir à la « vraie vie », celle que j'avais mise en *stand-by* en arrêtant mes études. Il est temps que cette fameuse bulle que j'avais éclatée se reforme à nouveau. Finies les années de césure. Après tout on est très nombreux à faire ça, il faut maintenant réintégrer le réel. Réintégrer la ville, soit mon milieu naturel, ma vraie place et fermer la parenthèse.

Photographies par
Eliott Schonfeld

retour et révélation

Je reprends mes études et démarre une licence de philosophie à la Sorbonne. Les cours sont passionnants. Mais rapidement une idée germe dans ma tête et ne cessera jamais de grandir : ma place n'est pas ici. Notre place n'est pas ici.

À cela s'ajoute une certitude : ou l'homme acceptera la réconciliation avec la nature, ou bien il ira joyeusement engager sa race et d'autres avec elle dans les plus graves périls.

J'étais né avec l'idée que la nature était barbare, violente, je découvrais désormais que la barbarie était de s'en éloigner. Je souhaite y revenir et retrouver mon origine. Alors que je pensais être inséré dans le monde, je réalise que le contact avec la ville m'a en réalité « dés-inséré ».
Je désire plus que tout sortir de ce divorce, de ce conflit, dans lequel l'homme est entré, en se laissant hypnotiser par ce qu'on appelle le progrès. À voir certains résultats de ce même « progrès », je me demande « s'il n'eût pas mieux valu, au fond, rester un peu plus ignorant » comme le dit Théodore Monod, ou du moins, se libérer de la technique et changer la nature et les finalités de notre connaissance.

Revenir à la nature. Cela est plus facile à dire qu'à faire. Il faut l'avouer, nous sommes mal préparés à savoir servir la nature, à lui obéir. Nos sociétés « modernes » ne nous ont jamais appris à l'interroger, à l'écouter, à la comprendre, à l'aimer, mais bien plutôt à la dominer, à l'exploiter, attitude mentale si fortement enracinée qu'il nous est très difficile de lui échapper.

Le poids de la tradition, cette inversion des valeurs dans laquelle j'ai grandi, où la ville devient naturelle et la nature étrangère, est si forte, que mon évolution doit se faire par étapes, marche par marche et il me faudra beaucoup d'efforts pour en sortir.

Photographies par
Eliott Schonfeld

MONGOLIE

Photographies par
Eliott Schonfeld

Le début de cette évolution commence avec ma première expédition digne de ce nom en Mongolie. Là-bas, je m'achète un cheval et traverse l'immensité de la steppe sur plus de 900 kilomètres en vivant une grande partie du temps avec les nomades.

Après un mois et demi, je vends mon cheval et m'enfonce seul, à 23 ans et en autonomie totale, dans un des endroits les plus hostiles et impropres à la vie, le désert de Gobi. Pendant 33 jours, je marche 700 kilomètres, avec mon sac et un bidon de 20 litres que je traîne sous des températures extrêmes, avec l'inquiétude permanente de ne pas trouver assez d'eau et en croisant plus de chameaux que d'hommes.

C'est la première fois que je marche autant et je réalise que j'adore cela. Je comprends que marcher, ce n'est pas seulement mettre un pas devant l'autre, c'est aussi mettre un pas de côté, en fuyant le bruit, la vitesse et la frénésie de la ville et des moteurs. Aller trop vite quelque part c'est n'être nulle part. La lenteur de la marche nous rend la nature plus familière, on finit par l'habiter et s'y sentir bien.

La découverte du nomadisme est peut-être la révélation la plus importante de ma vie. Pour la première fois j'ai été en contact et j'ai vécu avec des hommes et des femmes qui vivent en autonomie presque absolue et j'ai eu la nette impression que la frugalité de leur mode de vie les rendait heureux. Moi aussi d'ailleurs.

J'ai aimé vivre avec eux parce qu'ils m'ont appris des choses évidentes, qu'on a tendance à oublier lorsqu'on vit en ville ou plutôt qu'on n'apprend jamais. En ville, on oublie l'origine des choses : notre problème, ce n'est pas qu'on ignore d'où viennent notre nourriture, notre eau, nos vêtements, notre électricité ou les matériaux utilisés pour construire des bâtiments... c'est qu'on ne se le demande même pas. On finit par croire que tout notre environnement est une matière première et on oublie que sous le goudron vit de la terre. On perd le sens de l'origine.

Les nomades, eux, mangent la viande et le lait de leur bétail, ils en font du fromage, du beurre et du fromage blanc, ils utilisent la crinière de leurs chevaux pour fabriquer des cordes, la laine de leurs moutons pour confectionner des vêtements et isoler la yourte, les bouses de leur bétail comme combustible pour se chauffer et cuisiner, l’eau des rivières pour se laver et boire.

Photographies par
Eliott Schonfeld

Photographies par
Eliott Schonfeld

ALASKA : LE DÉBUT D'UNE VÉRITABLE AUTONOMIE

J'élimine l'utile et ne garde
que l'indispensable.

Photographies par
Eliott Schonfeld

Je rentre à Paris heureux de ce voyage qui m'a tant apporté. Certes je n'ai pas atteint le but final, à savoir me détacher absolument de la société moderne, car j'étais certes au milieu d'une nature sauvage, mais avec moi j'avais emporté la ville dans mon sac et certainement encore dans ma tête.

Je me mets alors à organiser l'expédition qui devra être l'aventure la plus grande de ma vie.

Pour être un des derniers territoires sauvages de la planète, l'Alaska me paraît être la meilleure destination possible pour mon expérience. Cette fois je me fixe de nouvelles règles. Je n'ai pas le droit de suivre de route, de chemin, ni même de sentier de randonnée, je dois créer mon propre passage et entrer, le plus profondément possible, dans les terres sans aucune habitation, aucune infrastructure humaine. En Alaska ce n'est pas si dur à trouver.

Deuxième règle : Mon sac devra comporter bien moins de choses que dans mes précédents voyages (finis les trois pulls, fini le réchaud...), surtout en ce qui concerne la nourriture. Cette fois je devrai trouver ma propre nourriture.

Une fois sur place, je m'achète un canoë et parcours plus de 1800 kilomètres sur la rivière du Yukon. Je poursuis ensuite mon aventure à pied, avec l'objectif de rejoindre l'océan Arctique, 850 kilomètres plus au nord. Je traverse les montagnes, les forêts et la toundra. Je croise une quinzaine de grizzlis dont trois qui me chargeront, plusieurs loups arctiques, des élans et plein d'autres animaux.

Photographies par
Eliott Schonfeld

La nature me redonne une joie pure d'exister

À 23 ans, seul, je parviens une grande partie du voyage à me nourrir par mes propres moyens. Je cueille des fruits, des champignons, des plantes et pêche des poissons que je mange en vitesse pour éviter que l'odeur n'attire mes amis les ours. Je m'abreuve et me lave dans les rivières. Je me réchauffe en faisant du feu avec le bois que je trouve. J'arrive à progresser en suivant des sentiers créés par les ours et les caribous, je traverse des rivières à la nage, pendant des semaines et des semaines je ne vois aucune trace d'humanité, à l'exception de quelques avions dans le ciel. J'accepte les lois de la nature et je m'y soumets.

Ce voyage fut sûrement un des moments les plus heureux de ma vie. Certains moments étaient parfois terriblement difficiles, mais échanger un regard avec un loup, observer un grizzly manger des myrtilles, planter sa tente en haut d'une montagne face à ces paysages incroyables de beauté, faire un feu en regardant les étoiles qui éclairent la nuit, tous ces moments-là valent largement toutes les difficultés du monde.

Aujourd'hui, je continue cette quête d'autonomie, cette volonté de me réconcilier totalement avec la nature. Je commence à m'intéresser à l'agriculture avec le projet de me construire une cabane quelque part en France où je pourrai vivre sans dépendance à ce monde destructeur pour l'homme et le vivant en général.

Je repars aussi dans quelques jours (après l'écriture de ce texte) pour ma prochaine expédition, la plus grande de toutes. La traversée intégrale de l'Himalaya, d'ouest en est, pendant quatre mois, à pied et accompagné d'un yack. Lors de ce voyage, je vais devoir apprendre à remplacer les objets de mon sac (tente, briquet, couteau, duvet) par des choses trouvées dans l'environnement naturel et ainsi opérer une métamorphose.

Pour m'aider à réaliser ce projet un peu fou, je pourrai compter sur les tribus qui vivent en autarcie dans les montagnes et la jungle himalayenne.

chapitre

Sarah Roubato

«Trouve le verbe de ta vie,
pas le métier mais le verbe.»

«TROUVE LE VERBE DE TA VIE, PAS LE MÉTIER MAIS LE VERBE.»

Salut,

Je te rassure, si je t'écris, ce n'est pas pour te faire la leçon. En fait, j'aimerais plutôt m'asseoir sur un banc avec toi et t'écouter. Mais je sais que tu as beaucoup à faire. Mais si tu as quelques minutes pour lire cette lettre, peut-être qu'elle t'aidera. Du moins je l'espère. D'abord je voudrais m'excuser de t'appeler ado. Je déteste les catégories, en particulier celles des générations. Ce n'est pas parce que tu es ado que tu n'es pas une personne à part entière, un citoyen, un consommateur, et qu'à ce titre, tu devrais avoir toute ta place dans les débats publics et dans les discussions « d'adultes ».

TROUVE LE VERBE DE TA VIE

Qu'est-ce que vous voulez faire plus tard ?

Voilà des années qu'on te pose cette question. Et pour celui qui te la pose, cela ne se réduit qu'à une seule chose : ton métier. On te demande quel métier tu veux faire sans même t'avoir présenté toutes les possibilités, puisque voilà dix ans qu'on t'enseigne les mêmes matières à l'école. Moi j'aurais une autre question à te poser.

Quel est le verbe de ta vie ? Pas le métier, non, le verbe. C'est lui qui va tracer les chemins de ta vie. Oui je dis bien les chemins, car dans le monde de demain, avoir plusieurs chemins de vie, de carrière, de métier, ne sera pas réservé aux atypiques. J'en rencontre tous les jours : des ingénieurs qui deviennent boulangers, des comédiens qui deviennent pilotes, des avocats qui deviennent activistes dans une association. À toi qui changes d'avis, qui n'es pas sûr d'être un littéraire ou un scientifique – comme si les deux étaient incompatibles ! – on te dira que tu devrais te décider. Et si on regardait ça autrement, en se disant que ceux qui s'intéressent à des domaines différents, qui sont capables d'aller de l'un à l'autre, qui savent s'adapter à de nouveaux contextes, à d'autres manières de faire, sont des multi-potentialistes ? Des gens qui amèneront le savoir qu'ils ont acquis dans un domaine vers un autre. Des gens qui ouvrent les horizons, qui fabriquent de nouveaux potentiels. Mais il y a quelque chose qui rend logiques leurs bifurcations : leur verbe.

Bertrand Piccard est un psychiatre et aviateur suisse. Il a inventé le premier avion qui vole avec énergie solaire. Cet homme a soif d'innovation et d'aventure, il aime scruter les domaines inexplorés et il respecte la nature. S'il n'avait pas rencontré un avion un jour, il aurait pu être spéléologue, photographe sous-marin, sauveteur d'animaux sauvages. Dans ce qu'il aurait fait, il aurait cherché l'innovation et l'aventure. Ton métier est au service de ton rêve.

Sarah Roubato

Saïd Bennajem a été champion de France de boxe, vice-champion d'Europe de boxe et sélectionné aux JO de Barcelone. Il a créé la boxe féminine française et enseigne aux enfants, en leur proposant un soutien scolaire dans une salle au-dessus du ring à Aubervilliers. Si Saïd n'avait pas rencontré la boxe, il n'aurait pas raté sa vocation. Non, il aurait simplement fait ce qu'il veut faire – se dépasser, se battre dans le respect, transmettre – dans un autre domaine, avec la même rage, la même discipline, la même sueur, le même courage d'inventer quelque chose qui ne se fait pas.

Kiran Bedi est une femme indienne qui a introduit la méditation dans les prisons. Cette femme cherche à changer les systèmes. À y amener de l'écoute, de soi et des autres. Si ça n'avait pas été les prisons, elle aurait pu changer les écoles ou bien les hôpitaux. Les contextes dans lesquels tu fais ce que tu as à faire sont le fruit des accidents de la vie, des rencontres, du hasard, des circonstances. Peu importe que ce soit dans une entreprise, une association, une forêt, une école ou une scène, tu feras toujours ce qui te correspond, si tu trouves ton verbe.

Si le verbe de ta vie c'est aider, tu pourras autant être avocat, médecin urgentiste ou travailler dans une ONG. Si c'est transmettre, tu pourras être enseignant aussi bien que journaliste ou comédien. Veux-tu découvrir des choses (archéologue, historien, chimiste, biologiste), veux-tu en inventer (ingénieur, magicien), veux-tu les exprimer (écrivain, musicien, artiste), les analyser (éditorialiste, analyste politique, sociologue) ? Veux-tu soigner, guérir, protéger, défendre ? Bien sûr, après, il faut affiner. Trouver la matière dans laquelle ton verbe va agir : les mots, le corps, l'image, la nourriture, les animaux.

Chacun est plus ou moins sensible à une matière. Tu peux être un inventeur génial de jeux vidéos ou de pâtisseries. Tu peux combiner tes savoir-faire : créer des jeux vidéos et en faire la musique, sculpter tes pâtisseries en œuvres d'art. Et puis il faut se poser aussi la question de ton mode de vie : veux-tu des horaires fixes ou irréguliers, veux-tu rester au même endroit ou bouger, travailler à l'extérieur ou dedans ? Et enfin, mais peut-être surtout, savoir au service de quoi tu mets ton verbe : du système capitaliste de production de richesse qui met en compétition les individus, qui détruit la terre et ses êtres vivants, ou bien d'un autre système basé sur le respect du vivant et l'entraide ? Dans les deux, tu pourras te faire valoir, te dépasser, innover.

TU PEUX EXERCER LE MÊME MÉTIER POUR SERVIR DEUX VISIONS DU MONDE TOTALEMENT OPPOSÉES.

Demain, le métier ne sera pas nécessairement le centre de nos vies. Il faut trouver un métier qui te fasse vivre et qui te laisse vivre. Un métier qui nous laisse le temps d'apprendre, de découvrir, de nous émerveiller, de vivre avec les autres. Qui nous permette d'habiter le temps au lieu de lui courir après.

Sarah Roubato

PRENDS LE TEM

DE TE TROMP

Oui je sais, j'avais dit que je ne donnerais pas de conseils, j'avoue que j'abuse un peu. Mais laisse-moi t'en donner un qui va peut-être te surprendre : prends le temps de te tromper. Tu as le droit de te tromper. Si tu ne le fais pas avant trente ans, tu le feras quand ?

Mais il y a une chose que tu n'as pas le droit de faire : tricher avec ton rêve.

Un jour j'ai rencontré un homme qui était musicien, il avait du succès, et puis une nuit – tu sais, une de ces nuits où les objets qui nous entourent ont l'air de nous demander ce qu'on fait là – une nuit il a quitté une vie qui ne lui ressemblait plus. Il a vendu sa maison, fermé ses comptes en banque, et il est parti vagabonder à travers le pays. Cet homme pose une question, qu'il a mis des années à trouver : Qu'est-ce que j'ai fait pour mon rêve aujourd'hui, et en quoi s'occupe-t-il de la beauté du monde ? Pose-toi cette question tous les jours !

Et surtout ne va pas croire que certains rêves valent mieux que d'autres, sous prétexte que les chemins sont déjà tracés à l'école. On voudrait te faire croire que les sciences, les maths, le français, la philo, l'histoire, sont plus importants que la musique, le sport, l'art, le théâtre, la couture, le bricolage, la cuisine, et tous les autres domaines qui n'ont pas leur place à l'école, ou une si petite place. N'as-tu jamais regretté que ces domaines soient considérés comme des loisirs ou des passe-temps ? Regarde autour de toi : l'art, le sport sont considérés comme des divertissements, des loisirs à consommer le week-end.

S

R !

Dans d'autres sociétés, ils sont le centre même de l'apprentissage et du développement de chaque personne. Toi et moi savons très bien que le système éducatif ne te propose qu'un éventail très restreint de toutes les possibilités qui s'offrent à toi.

Si tu crois qu'un diplôme suffira à atteindre un métier... mais je suis sûre que tu ne crois déjà plus à ce mythe.

Tu sais bien qu'il faut du réseau, des connaissances dans le milieu, bien se présenter, la chance, le carnet d'adresses. Bien sûr dans certains domaines, tu vas galérer un peu plus pour trouver une place. Parce que justement le système ne t'aura pas tracé un chemin. Tu devras te le tracer toi-même. Tant mieux ! Il sera plus beau. Bien sûr ça te demandera encore plus de travail, de peine et de discipline, mais au moins, tu n'auras pas triché avec ton rêve.

C'EST À T

D'U

TON

Si les études t'offrent un chemin direct vers ce que tu veux faire, vas-y. Mais n'oublie pas d'aller voir comment ça marche dans le monde, dans le concret. Va voir les gens qui pratiquent ce métier, parle avec eux, demande-leur de venir visiter leurs locaux, leur bureau, propose ton aide. Prends une année au milieu de tes études pour connaître comment ça marche, ici et dans d'autres pays. Je t'ai dit que je n'aimais pas les catégories d'âge. Toi non plus, peut-être. Alors fréquente des gens plus âgés que toi. Quand un expert voit un p'tit jeune débarquer et dire je veux apprendre ce que vous faites, montrez-moi, s'il voit dans tes yeux assez de confiance et d'envie, s'il voit que tu t'obstines et que tu es prêt à travailler, je te garantis que ce qu'il va partager avec toi vaudra tous les cours du monde.

Quand tu reviendras en classe après, tu en sauras beaucoup plus que ceux qui n'auront fait que suivre des cours pour avoir des notes pour avoir un diplôme. N'oublie pas aussi que tu as le droit de bifurquer, de prendre d'autres chemins, à trente ans, à quarante ans, quand tu veux ! Ce n'est pas à toi de plier tes envies pour qu'elles rentrent dans les cases du système. C'est à toi d'utiliser ce que la société t'offre pour réaliser ton rêve. Un rêve qui, je l'espère, s'occupera de la beauté du monde.

Tu te demandes peut-être ce que j'ai fait pour parler comme ça. Tu t'imagines que j'étais une de ces élèves qui ne savaient pas ce qu'ils voulaient faire. En fait c'est le contraire. J'ai toujours su ce que je voulais faire – écrire, exprimer les puissances endormies que les gens gardent en eux – et j'étais très bonne élève. Les voies m'étaient donc toutes tracées, les voies royales. Seulement à chaque fois j'ai bifurqué, car je n'ai jamais fait de compromis avec mon rêve. Je voulais aller voir derrière l'école, la formation, le diplôme, vers quoi on m'emmenait. Alors je ne te dis pas de ne pas faire d'études, je te dis simplement que tu auras le droit de changer, d'explorer d'autres horizons, d'apprendre et de te former autrement. Et l'un des meilleurs outils pour ça, ce sont les langues.

LISER CE QUE

A SOCIÉTÉ T'OFFRE

POUR RÉALISER

RÊVE.

chapitre

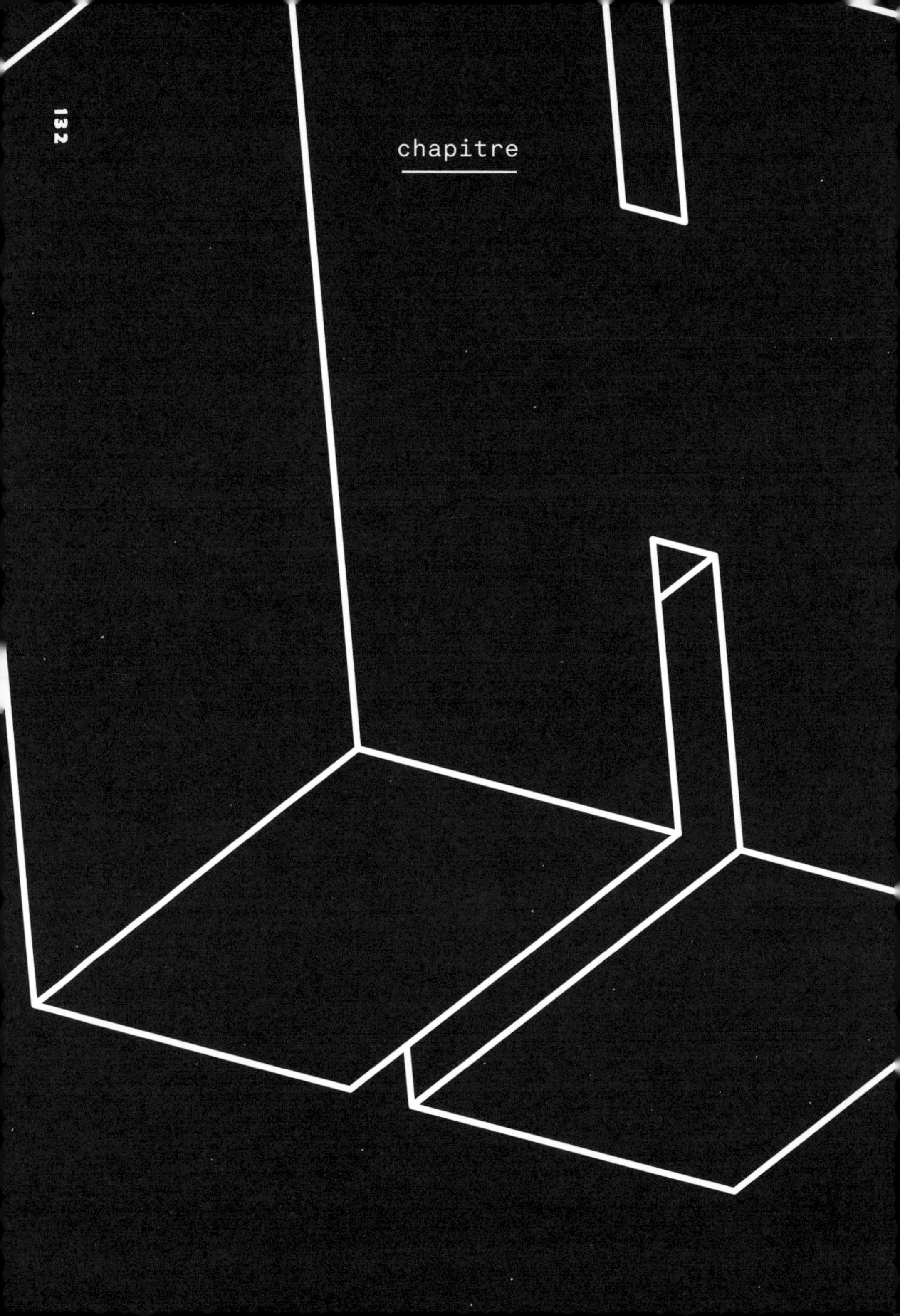

Lilo

Lilo, le moteur de recherche
pas comme les autres.

Chaque jour, plus de 4 milliards de requêtes sur les moteurs de recherche sont effectuées, 204 milliards de mails sont envoyés et 140 millions de vidéos sont visionnées. Ces chiffres peuvent donner le vertige.

lilo

le moteur de recherche pas comme les autres

Ils sont d'autant plus impressionnants quand on sait que quelques entreprises, les GAFAM (Google, Amazon, Facebook, Apple, Microsoft) possèdent la majorité des informations qui sont générées sur internet et cumulent une valorisation de plus de 2 500 milliards de dollars. Google à lui seul a réalisé un chiffre d'affaires de 90 milliards de dollars en 2016, soit 1/3 du budget de l'État français.

90 milliards de dollars

Ces chiffres doivent nous poser question.

Est-il sain qu'aujourd'hui quelques entreprises possèdent autant de données personnelles sur des populations entières ? Vit-on réellement en démocratie lorsque quelques actionnaires possèdent autant de pouvoir d'action qu'un pays tout entier ? Internet est-il condamné à n'être plus qu'une plate-forme géante de vente de données et de publicités au service de la société de consommation et au profit de quelques-uns ?

S'il est facile de répondre non à ces questions, il est beaucoup plus ardu d'y apporter une solution concrète et globale permettant de changer cette tendance et de revenir à un internet plus humain et plus éthique. Il faut nécessairement pour cela positionner l'internaute au cœur de la problématique, car ces GAFAM n'existent que parce que les utilisateurs font le choix de les utiliser. Sensibiliser chacun à ces questions, mais aussi apporter des alternatives éthiques et efficaces peut faire changer la donne. Beaucoup d'idées et de projets vont aujourd'hui en ce sens. Parmi eux, on peut citer le concept de l'*open source*, de GNU/Linux ou encore le projet Wikipedia qui est le sixième site le plus consulté au monde. C'est pour apporter leur goutte d'eau à ce grand changement que Clément Le Bras et Marc Haussaire, deux jeunes ingénieurs français, ont créé le moteur de recherche alternatif Lilo.

L'idée de départ est très simple. Nous générons chacun 30€ par an pour Google. C'est cet argent qui donne aujourd'hui le pouvoir à Google d'investir dans des technologies et de décider ce à quoi ressemblera l'avenir au service d'un capitalisme effréné. Il fallait donc simplement permettre aux internautes de redistribuer cet argent à des projets qui vont, eux, apporter des solutions concrètes à des problématiques sociales et environnementales. Imaginez que chaque année, des millions d'euros soient reversés à des projets d'avenir. Que chaque utilisateur puisse décider de la manière dont sera redistribué l'argent qu'il a généré. Nous pourrions lutter contre le réchauffement climatique à grande échelle, permettre à chacun sur terre d'avoir accès à l'eau, à la santé et à l'éducation, investir dans des projets de recherches publiques contre le cancer et bien d'autres encore.

Aujourd'hui, après deux ans d'existence, ce sont plus de 400 000€ qui ont été reversés par Lilo à plus de 50 projets. Parmi eux, des projets d'agriculture durable comme le mouvement des colibris, de soutien scolaire pour des jeunes en difficulté ou encore de défense et protection de la vie marine avec Sea Shepherd afin de léguer un océan vivant aux générations futures. Autant de projets essentiels qui pourraient avec plus de moyens résoudre de nombreuses problématiques auxquelles nous faisons face.

Lilo est né d'une rencontre entre deux jeunes ingénieurs français, Marc Haussaire et Clément Le Bras.

1

Marc est ingénieur informaticien diplômé de l'INSA Rennes. Très vite, à la fin de ses études, il va monter sa propre entreprise. Il travaille d'abord dans les moteurs de recherche puis dans la publicité. Mais au bout de quelques années, il voit les limites de ce modèle. Il souhaite alors faire mieux converger ses valeurs avec son travail. Il monte donc à Paris où il fait la connaissance de Clément, un ami de son frère qui souhaite lui présenter un projet.

MARC

3

Or, lorsque les dons se font plus rares comme après la crise de 2008, des projets pourtant cruciaux peuvent être stoppés. C'est d'ailleurs à la suite de cette crise que de nombreuses ONG ont commencé à réfléchir à changer de modèle pour assurer la pérennité de leur mission. Il se pose alors la question de créer son entreprise sociale mais l'idée n'est pas mûre.

2

CLÉMENT

Clément quant à lui est ingénieur des Mines spécialisé en énergie. Durant ses études, il part travailler un an à Madagascar en ONG. C'est là qu'il découvre le concept d'entreprise sociale promu par Muhammad Yunus, prix Nobel de la paix 2006. C'est l'idée d'une entreprise dont le but n'est pas de faire du profit pour ses actionnaires mais bien d'utiliser l'argent comme moyen de résoudre une problématique sociale ou environnementale. Il voit dans le même temps les limites du modèle des associations qui ont besoin de dons pour mener à bien leurs actions.

4

En revenant aux Mines pour sa dernière année, il réalise son mémoire de fin d'études chez Total Énergies Nouvelles où il étudie la stratégie des acteurs de l'agro-alimentaire tels que Monsanto, Bayer ou Syngenta. Cette compréhension du marché de l'agro-alimentaire couplée à la connaissance du marché de l'énergie lui donne une conviction : il faut changer de modèle si nous voulons répondre aux enjeux sociaux et climatiques de notre siècle.
Il rencontre alors de nombreux entrepreneurs sociaux et voit que beaucoup de problématiques ont déjà des solutions.

Elles manquent simplement encore de visibilité et de financement. C'est alors qu'il réfléchit à utiliser les revenus gigantesques générés par internet pour financer ces projets et les faire connaître. Il parle alors de son projet à Marc, le frère d'un de ses amis de promotion. Marc connaît bien le secteur de la publicité et d'internet. Il voit très vite comment ses compétences pourront être mises au service d'une cause qu'il juge plus en rapport avec ses valeurs. Il connaît le pouvoir généré par les recherches internet. Il propose alors à Clément de concrétiser le projet en créant un moteur de recherche éthique. Lilo, qui veut dire « celui qui est généreux » en hawaïen, est né.

Au départ, peu de gens croient au projet.

Les objections sont nombreuses : « concurrencer Google ? Vous n'y arriverez jamais », ou encore : « Les gens ne changeront pas de moteur de recherche pour quelque chose de plus éthique, Google est trop ancré dans les habitudes, ils ont trop de moyens ». Mais deux ans après son lancement, Lilo est utilisé par plus de 700 000 personnes quotidiennement. Cela montre un réel besoin d'éthique et une vraie transformation des modes de consommation. Et cette tendance ne va qu'en s'accentuant tant les inégalités et la pression climatique se font ressentir de plus en plus fortement.

Si l'on devait tirer une leçon de cette aventure, c'est que personne ne sait aujourd'hui de quoi demain sera fait. Il ne faut pas se laisser impressionner par toutes ces personnes pétries de certitudes sur la manière dont le monde fonctionne et sur ce qui est possible et ce qui ne l'est pas. L'humanité va, dans les prochaines décennies, faire face à des changements radicaux à une échelle globale encore jamais vue dans l'histoire des hommes. Pour y parvenir sans voir l'effondrement de la société, il faut avoir des personnes engagées qui soient prêtes à bousculer les codes et les idées reçues.

Pour chaque livre vendu,
un don sera reversé à Mr Mondialisation.

Mr Mondialisation est un think tank informel et citoyen francophone à visée internationale. Son objectif principal est d'alimenter le débat libre dans la sphère publique autour des grands sujets mondiaux et locaux de notre temps. D'orientation résolument humaniste, Mr Mondialisation se veut être une entité adogmatique, apartisane et hermétique aux théories qui ne soient pas motivées par la raison. Nos convictions nous poussent cependant à défendre les droits humains et universels mais également les « droits de la Terre ». S'il s'avérait nécessaire de placer ce personnage symbolique dans une mouvance intellectuelle, ce serait celle des Simplicitaires, ces Objecteurs de Croissance qui font le choix d'une vie simple, loin des sirènes de la société de consommation.

Pour les soutenir :

Don général : https://mrmondialisation.org/donation/

Tipeee : https://www.tipeee.com/mr-mondialisation

Je dédie ce numéro à mon grand-père Robert qui a planté ses graines durant de nombreuses années. À ma grand-mère Angèle, qui a fait preuve d'un courage infaillible et à Marlow.

Ce numéro que vous avez entre les mains a été financé grâce à la générosité d'une poignée de citoyens qui croient à une nouvelle forme d'information. À votre tour, de planter votre graine et de donner un sens à votre vie. Ne pensez jamais que c'est impossible, les combats les plus lents sont toujours les plus fertiles.

Jérémie Carroy

www.lareleveetlapeste.com

« L'avenir n'est pas ce qui va arriver, mais ce que nous allons en faire. »

Henri Bergson